과학기술혁신 시스템의 발전

한국은 어떻게 선진경제로 발전하였나?

신태영

도서출판 해남

과학기술혁신 시스템의 발전

한국은 어떻게 선진경제로 발전하였나?

초판1쇄 인쇄 2024년 8월 5일
초판1쇄 발행 2024년 8월 10일

저 자 신태영
발행인 노현철
발행처 도서출판 해남

출판등록 1995. 5. 10 제 1-1885호
주 소 서울특별시 마포구 마포대로8길 9 영명빌딩 405호
전 화 739-4822 **팩스** 720-4823
이 메 일 haenamin30@naver.com
홈페이지 www.hpub.co.kr

ISBN 978-89-6238-188-7 93320

머리말

한국은 20세기 마지막으로 산업혁명에 성공한 나라로 50여 년 만에 전통적인 농업국가에서 선진공업국가로 탈바꿈하였습니다. 한국은 1950년대에 전쟁과 정치·사회적 혼란기를 보내고 1960년대 초부터 경제개발에 본격적으로 착수하였습니다. 정부가 적극적으로 경제개발에 나섰던 1960년대 초에는 일인당 국민소득이 100달러 미만이었으며 산업기반도 붕괴한 상태였습니다.

그러나 정부의 전략적 선택과 당시 한국 사회의 여러 요인이 상호 작용하여 1970~1980년대의 수입대체산업과 중화학공업을 일으켰고, 이를 바탕으로 2차 산업혁명을 이룩하였던 것입니다. 그 후 정보화 물결을 타고 디지털경제로 전환하여 새천년을 열면서 3차 산업혁명을 이룩하였습니다. 이제 한국은 초연결사회(hyper-connected society)를 향해 4차 산업혁명을 일구고 있습니다.

이러한 배경에는 혁신 주체들의 기술혁신 능력(STI capacity)이 빠르게 축적되었고 혁신시스템이 선진국 수준으로 발전하였다는 점이 있습니다. 산업화 과정을 거시적 차원에서 살펴보면, 지식시스템이 발전하고 다른 한편 산업생태계가 고도화해 나가는 것을 볼 수 있습니다. 선진국의 경우에는 오랜 시간에 걸쳐 지식시스템과 산업생태계를 만들어 왔기에, 전략·정책적 교훈을 얻기가 쉽지 않습니다. 그러나 한국의 압축성장 과정을 보면 발전경로와 전략적 패턴이 나타납니다. 한국의 압축성장 과정은 개도국에서 선진국으로 발전해 나가는 과정을 동태적으로 연결하는 모습을 비교적 단기간에 걸쳐 보여 주고 있는 것입니다. 아울러 혁신시스템의 관점에서 국민경제의 발전 과정을 살펴볼 때 더욱더 폭넓은 시야에서 바라볼 수 있는 장점이 있습니다. 본서에서는 이러한 점에 착안하여 한국의 혁신시스템이 형성하고 성장하는 과정을 살펴보았습니다.

한국에서 얻을 수 있는 중요한 교훈은 무엇보다도 혁신시스템이 어떻게 발달해 왔는가에 있습니다. 특히 한국의 발전 과정은 개발도상국에 많은 교훈과 정책적 시사점을 줄 수 있을 것입니다. 이러한 점에서 한국의 혁신시스템의 발전 과정이 흥미로운 연구 대상이 되고 있습니다. 따라서 본서에서는 한국 혁신시스템의 최근 동향보다는 발전 과정에 중점을 두고 논의를 전개해 나가고 있습니다.

마지막으로 본서는 신태영 외(2012)의 일부를 수정 보완하여 작성하였음을 밝혀 둡니다. 또한 졸고를 검토해 주신 박명수 박사님, 송성수 교수님, 손수정 박사님, 그리고 익명의 전문가 두 분께 감사드립니다.

2024년 7월

차례

Table of Contents

chapter 01

서론

한국은 일제 강점으로부터 해방된 후 남북으로 갈라지고 전쟁까지 겪게 되면서 전 국토가 초토화되었다. 그 후 혼란기를 거쳐 경제개발에 착수한 이래 반세기 만에 전통적인 농업 경제구조를 완전히 탈피하고 산업혁명을 이룩하였다. 그리고 새천년이 시작할 즈음에 지식기반 경제로 진입함으로써 선진경제 대열에 합류하였다. 한국은 제2차 세계대전 이후 유일무이하게 저개발 국가에서 선진국으로 올라선 경제발전의 모범 사례로 간주된다. 실제 한국은 지난 50여 년 동안 두 번의 산업혁명을 이루어 냈다. 1980년대 중화학공업 위주로 산업화를 이룩한 것(2차 산업혁명)과 2000년대부터 디지털 경제로 전환한 것(3차 산업혁명)이 그것이다. 이제 한국은 초연결사회(4차 산업혁명)로 향해 나아가고 있다.

본서에서는 1960년대 이후 한국의 산업화 과정에서 나타난 혁신시스템의 발전 과정에 대해 혁신체제론의 입장에서 조명하고 시사점을 찾아보고자 한다. 한국의 경제발전은 한편으로 산업화 과정을, 다른 한편으로 이를 뒷받침할 수 있는 과학기술 발전의 두 가지 측면에서 살펴보고 이해해야 한다. 혁신체제론적 접근은 이에 대해 균형 있는 논의를 가능하게 한다. 특히, 한국의 사례는 혁신체제론이 유행처럼 번지고 있는 개발도상국에 많은 시사점을 줄 수 있을 것이다.

혁신시스템의 핵심 요소는 기업, 대학, 연구소 등 혁신 주체이다. 그리고 혁신시스템은 지식시스템과 산업생태계의 결합으로 이루어진다. 지식시스템은 대학과 연구소로 구성하는데, 이들의 활동은 새로운 지식을 생산하거나 생산된 지식을 활용할 수 있는 인력을 배출하는 것이다. 반면, 산업생태계는 하나의 가치사슬을 중심으로 기업이 당면하는 경쟁기업, 하청기업, 전후방 관련 기업, 정부기관 등이 연결된 네트워크를 말한다. 가치사슬은 하나의 제품이나 서비스를 개발하고 공급하는 여러 단계를 모두 포함한다. 기업은 생존전략에 따라 가치사슬을 주도하거나 어느 단계에 편입되거나 선택하게 된다. 이때 가치사슬을 주도하든 편입되든 기업은 경쟁력을 가져야 하고, 경쟁력의 원천은 과학기술기반 혁신에 있다. 과학기술기반 혁신은 지식시스템과 산업생태계 간의 상호 작용으로 만들어진다. 가치사슬을 주도하는 기업의 존재는 지속적 성장(sustained growth)을 가능하게 한다. 지속적 성장은 잘 발달한 혁신시스템이 필요하다. 발달한 혁신시스템의 필요조건은 역량 있는 대학과 연구소를 갖춘 지식시스템이라고 할 수 있다.

한국은 전쟁 후 잿더미 속에서 출발하였기 때문에 기업, 대학, 연구소 모든 혁신 주체가 백지 상태에서 출발한다. 그리고 반세기 만에 이들이 구성하는 혁신시스템이 선진 수준으로 올라섰다. 이 과정에서 정부의 전략과 정책이 주효하였다. 한국 혁신시스템의 특징을 말하자면, 모든 혁신 주체가 맨바닥에서 출발하여 혁신 역량을 구축해 나가면서 혁신시스템이 '저개발'(underdeveloped)에서 '선진'(developed) 수준으로 발전한 것을 압축적으로 보여 주고 있다는 점이다. 대부분 개도국의 혁신시스템은 제2차 세계대전 이후 여전히 저개발 또는 개발 과정에 머물러 있다. 반면, 선진국은 혁신 역량이 (수백 년에 걸쳐) 이미 갖추어진 주체들로 구성되어 있으므로 잘 발달한 혁신시스템을 갖추고 있다. 즉, 세계는 산업혁명에 성공한 나라들과 그렇지 못한 나라들로 구분되는데, 한국은 두 세계를 연결하는 동태적인 발전 모습을 압축적으로 보여 주고 있는 것이다. 이제 한국은 혁신 선도국 중의 하나로서 세계적으로 인정받고 있다. 한국의 사례에서 혁신시스템을 발전시키기 위해 혁신 주체의 혁신 능력을 어떻게 구축해 갈 것인지에 대한 교훈을 얻을 수 있을 것이다. 그뿐만 아니라 혁신시스템의 모범 사례로서도 여러 가지 시사점을 찾아볼 수 있을 것이다. 다시 말해, 한국의 혁신시스템을 동태적인 발전 과정뿐만 아니라 정태적인 효율성 측면에서도 분석해 보는 것이 흥미롭다고 할 것이다.

본서는 다음과 같이 구성되어 있다. 제2장에서 혁신시스템에 관한 이론적 논의를 비판적 시각과 함께 리뷰하고, 본 연구의 틀을 제시한다. 혁신시스템 이론에서 강조하는 점과 기존 이론에서 간과하고 있는 것에 대해 논하고, 혁신시스템 발전에 관한 이론적 모형을 제시한다. 제3장에서는 한국의 과학기술 발전과 경제성장에 대해 지표를 중심으로 조망한다. 제4장에서는 한국 혁신시스템의 발전 과정을 초창기, 확장기, 고도화기 등 단계별로 나누어 논할 것이다. 단계별 논의에서 특히 초창기의 상황과 정부 정책에 대해 좀 더 자세히 다루기로 한다. 왜냐하면 출발선에서의 상황을 잘 이해함으로써 발전을 이룩한 것에 대한 평가가 제대로 이루어질 수 있기 때문이다. 마지막 제5장에서는 한국이 당면하고 있는 주요 과제와 함께 혁신시스템이 앞으로 나아갈 방향에 관해 논의해 본다.

chapter 02

혁신시스템의 발전모형

1. 개념과 정의
2. 모형
3. 접근방법론과 발전 요인

1. 개념과 정의

일반적으로 기술혁신은 새로 개발되거나 향상된 기술이 실용적으로 사용되는 것을 의미한다. 다시 말해, 과학기술 혁신은 과학적 지식이나 기회가 사회 또는 산업의 니즈(needs)와 결합할 때 일어난다. 혁신 과정을 설명하는 데 있어서 혁신이론의 초점은 선형모형에서 비선형모형 그리고 복잡모형으로 바뀌어 왔다. 선형모형이란 기초연구→개발연구→상용화의 순서를 밟아 혁신이 일어나는 것을 의미하며, 비선형모형은 비순차적으로 혁신 단계가 진행되는 것을 의미한다.[1] 복잡모형은 기술혁신 단계에 경로 의존성 자기조직화 네트워크 학습 등 행태적 요인이 더해진다.

과거에 비해 오늘날의 혁신은 점점 더 복잡한 방식으로 일어나고 있다. 기술혁신에 대한 이해가 더욱 진전된 것은 1980년대 후반에 소개된 '국가혁신 체제'(national innovation system, NIS)의 개념이 등장한 이후라고 할 수 있다.[2] 시스템적 접근방식이 새로운 것은 아니었으나 국가혁신 체제의 개념적 틀은 기술혁신에 대한 통찰력을 높여 주었다. 이러한 시스템적 접근은 기본적으로 제도학파에 뿌리를 두고 있다. 그리하여 혁신체제론은 시스템 그 자체를 다루고 있으며 시스템의 효율성이라든가 잠재력을 다루기 위한 균형이론과 무관하다. 혁신체제론은 혁신 과

1 소니의 CCD 카메라의 경우 '개발연구→기초연구→상용화' 단계를 밟아 혁신이 일어났다.
2 Freeman(1987).

정, 혁신 주체의 상호 작용, 지식의 흐름 및 학습 등에 대한 분석을 더 중요시한다.

국가혁신 체제에 대한 정의는 여러 연구에서 제시하고 있다. 예로서 프리먼(Freeman)은 "상호 작용을 통해 새로운 기술을 도입하고, 적용하고, 확산시키는 공공기관과 민간 부문의 네트워크"라고 혁신체제를 정의한다.[3] 룬드발(Lundvall)은 "한 국가의 영역 내에서 경제적으로 유용한 지식을 생산, 확산, 활용하는 주체와 주체들의 관계"를 기술혁신 체제라고 정의하였다.[4] 파텔과 파빗(Patel and Pavitt)은 기술적 학습의 방향과 발전 속도를 결정하는 한 국가 내의 혁신 주체, 이들의 인센티브 구조 및 역량을 지칭하고 있다.[5] 또한 멧카프(Metcalfe)는 혁신 과정에 영향을 미치는 정부 정책의 범위에서 새로운 기술을 개발하고 확산하는 데 기여하는 서로 다른 기관들의 집합으로 정의하고 있다.[6]

이러한 정의에서 보듯이 혁신체제론은 주어진 시스템에서 혁신 주체 간의 관계, 상호 작용, 지식의 흐름, 즉 시스템의 동태성(dynamism)을 주로 거론하고 있다.[7] 선진국의 혁신체제를 들여다보면서 개발된 이론으로서 이러한 시각은 당연할 수도 있다. 역사적으로 볼 때, 선진국에서는 기업, 대학, 연구기관의 과학기술 혁신 능력이 수백 년 동안 개

3 Freeman(1987).
4 Lundvall(1992).
5 Patel and Pavitt(1994).
6 Metcalfe(1995).
7 Lundvall(1992), OECD(1997; 2000; 2005).

발, 발전해 왔다. 그러므로 혁신 주체의 혁신 능력 구축보다는 혁신 주체 간의 상호 작용을 촉진하여 혁신 창출을 끌어내는 데 관심의 초점을 두었다고 할 수 있다.[8]

2. 모형

기존 혁신체제론의 문제점은 혁신 주체의 혁신 능력이 이미 충분히 주어져 있다고 보는 데 있다. 그러나 국가혁신 체제의 이론적 틀을 설정할 때, 혁신 주체의 혁신 능력을 구축해 나가는 과정도 포함하여야 한다고 본다. 지식과 혁신에 필요한 자원을 선진국은 충분히 확보하고 있지만, 개발도상국은 반드시 그렇지 않다. 따라서 혁신시스템을 초기 단계부터 연속적인 개념 속에서 파악하는 것이 중요하다. 혁신시스템을 연속선상에서 보면, 'underdeveloped', 'developing', 그리고 'developed' 혁신시스템이 존재한다. 그러므로 시스템이 덜 발달한 상태인 경우 혁신 주체의 혁신 능력 구축에 대한 동태적 과정에 주목하는 것이 필요하다. 이것은 주체들의 역량이 쌓여 가면서 혁신시스템이 발

8 1980년대 일본이 부상함에 따라 (기술)경쟁력을 잃게 된 서구 국가들은 잘 발달한 지식시스템에도 불구하고 기술혁신에서 일본에 뒤떨어진 원인이 혁신 주체 사이의 상호 작용이 충분하지 않은 데 있다고 보았다. 즉, 지식시스템과 산업생태계의 밀접한 관계를 촉진하여 혁신을 바탕으로 기업 경쟁력을 끌어올리는 것이 중요하다는 점을 인지하게 된다. 이에 대한 논의 속에서 혁신체제론이 등장하게 되었다.

전해 나가기 때문이다.

어느 시점(t)에서 국가 혁신시스템의 효율성 또는 잠재력($S(t)$)이 혁신 주체의 혁신 능력, 혁신 주체 간의 상호 작용 그리고 그밖에 다른 변수에 영향을 받는다고 가정하면 다음과 같은 식이 성립할 수 있다. 여기서 효율성이나 잠재력이란 주어진 시스템에서의 기술혁신 발생빈도 또는 가능성의 크기를 의미한다.

$$S(t) = f(F(t),\ R(t),\ U(t),\ F(t)\times U(t),\ F(t)\times R(t),\ R(t)\times U(t),\ F(t)\times U(t)\times R(t),\ E(t),\ G(t),\ \cdots) \quad (2\text{-}1)$$

단, $F(t)$, $R(t)$, $U(t)$는 각각 기업, 연구기관, 대학의 과학기술 혁신 능력, 곱하기 항은 혁신 주체 간의 상호 작용, $E(t)$는 과학기술 혁신 환경, $G(t)$는 정부 정책을 각각 나타낸다. 식 (2-1)에서 혁신 주체의 혁신 능력이 증대하면 혁신시스템의 효율성이나 잠재력이 올라간다. 혁신 주체 간의 상호 작용이 많아질수록 역시 혁신시스템의 효율성 또는 잠재력이 올라간다. 상호 작용은 경쟁이나 재화와 용역의 거래, 주체 간의 네트워킹 등을 통해서 일어날 수 있고, 시장 간의 상호 작용이나 상호 의존성, 그리고 시장과 비시장 메커니즘 사이의 상호 작용 등을 통해 일어날 수도 있다. 마찬가지로 혁신 환경이나 정부 정책도 혁신시스템의 효율성에 영향을 미친다.[9]

다른 한편, 혁신 주체의 과학기술 혁신 능력은 다음과 같이 표기할 수 있다.

$$F(t) = f(K(t), P(t), Y(t), M(t), R(t), E(t), G(t), \cdots) \quad (2\text{-}2)$$

$$R(t) = f(K(t), P(t), Y(t), M(t), R(t), E(t), G(t), \cdots) \quad (2\text{-}3)$$

$$U(t) = f(K(t), P(t), Y(t), M(t), R(t), E(t), G(t), \cdots) \quad (2\text{-}4)$$

단, $K(t)$는 R&D 스톡, $P(t)$는 R&D 인력, $Y(t)$는 제조업 생산액, $M(t)$는 산업구조 등을 나타낸다. 다른 변수는 앞에서 정의한 바와 같다. 식으로부터 혁신 주체의 과학기술 혁신 능력은 먼저 R&D 스톡과 인력에 영향을 받는다. 그리고 다른 주체들의 혁신 능력과 과학기술 혁신 환경, 정부 정책 등에 영향을 받게 된다. R&D 스톡 또는 인력이 증가하면 혁신 주체의 과학기술 혁신 능력이 증대한다. 혁신 주체의 혁신 능력은 상호 관련성이 높으므로 타 주체의 혁신 능력이 크면 나머지 주체의 혁신 능력도 커지게 된다. 예로서 정부 연구소나 대학의 R&D 활동이 증가하면 기업은 기술혁신 기회가 많아지는 것을 인지하게 되고 R&D 투자를 늘리게 되며 과학기술 혁신 능력이 증대한다. 식 (2-2)~(2-4)에서 혁신 주체의 역량이 축적되고 일정 수준에 올라서면, 식 (2-1)에서 혁신 주체 간에 동태성, 즉 상호 작용이 늘어난다. 그럼으로써 혁신시스템의 효율성 또는 잠재력이 올라간다. 혁신 주체의 역량

9 OECD(2000).

이 낮은 수준에서도 시스템의 동태성을 정부 정책으로 끌어올릴 수 있으나 그 효과는 크지 않다. 이것은 미발달한 상태에서 지식시스템이 제공하는 혁신 기회가 많지 않을뿐더러 제공하는 혁신 기회도 경쟁력을 갖기 어렵기 때문이다. 그밖에 제조업 생산이 클수록, 산업구조의 기술 고도화 수준이 높을수록 혁신 주체의 역량은 커진다. 그리고 역시 정부 정책에 영향을 받는데, 특히 대학과 (공공) 연구소의 경우 정부 정책의 영향을 더욱 받을 수밖에 없다. 이외에도 환경적 요인으로서 기업가 정신(entrepreneurship), 학습 능력, 사회·문화적 요인 등에도 영향을 받을 수 있다.

3. 접근방법론과 발전 요인

식 (2-1)~(2-4)에서 규정한 혁신시스템을 도식화해 보면 〈그림 2-1〉과 같다. 그림에서 보면, 기업, 대학, 연구소 등 혁신 주체가 '혁신 삼각형'(innovation triangle)을 형성하고 있으며 이들 간에 제품－공정개발, 지식－숙련개발, 학습－조직개발 등 여러 가지 형태의 상호 작용이 일어난다. 그리고 주체 간 상호 작용에 영향을 미치는 요인들은 예로서 정부, 시장, 재원, 인프라, 혁신 관련 문화 등을 예시적으로 꼽을 수 있다. 다시 말해, 혁신시스템은 혁신 주체로 구성되고, 법제도, 학습, 네트워킹, 경로 의존성, 그밖의 많은 요소에 의해 구속된다. 효율적인 혁

| 그림 2-1 | 과학기술혁신 시스템의 구성요소

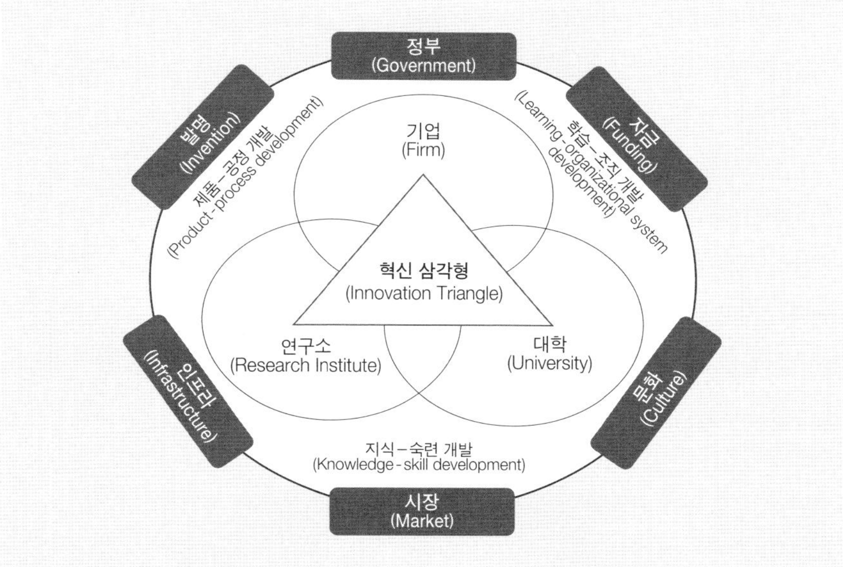

자료: Aulet(2010)에서 원용.

신시스템은 한 국가, 사회 내에서 지속적인 기술진보를 만들어 내고 과학기술 혁신을 발생시킨다. 한편, 시스템 차원에서 볼 때 기업의 생산활동은 가치사슬을 중심으로 하는 산업생태계를 형성하며, 대학과 연구기관은 지식시스템을 구성한다. 이들 2개 시스템의 결합이 혁신시스템을 구성한다. 산업생태계는 과학기술 혁신 니즈를 발생시키고 지식시스템을 자극하게 된다. 지식시스템은 과학기술적 탐구를 통해 기술적 기회를 제공하여 산업생태계에 혁신 기회를 제공한다. 이러한 두 시스템의 상호 작용은 혁신시스템을 발전시키게 되는데, 두 시스템의 발전은 한 나라의 경제가 지식기반 경제로 발전하고 지속적 성장을 가능하게 하는 밑바탕이 된다.

발전의 역사는 초기 단계에 주어진 기본 여건에서 출발한다. 기본 여건에서 정부는 정책 선택을 하고, 정부 정책은 정책 수단과 제도로 경제 부문에 영향을 주고, 이는 다시 기본 여건에 변화를 준다. 예를 들면, 정부는 정책 수단으로 거시경제의 안정과 금융제도 확립으로 시장경제를 안정화하고, 교육·지식시스템을 구축하여 인적 자본을 개발한다. 대외 개방으로 상품교역을 확대하며 기업의 경쟁력을 강화한다. 선진국으로부터 기술 획득·학습을 통해 산업개발과 생산성을 높일 수 있다. 그리고 정보통신을 포함하여 인프라를 구축하여 산업 활동을 지원한다. 한편으로 정부는 지식시스템에 투자하여 이를 육성해 나간다. 이러한 정책들은 종국에는 인적 자본, 투자, 지식·기술의 축적으로 이어진다. 특히, 지식시스템에 속한 연구기관과 대학의 혁신 능력 구축은 장시간이 걸려 산업화가 본격적으로 진행될 무렵 과학기술 혁신 니즈가 형성되면서 혁신 주체로서의 가능성이 보이기 시작한다. 성장의 결과는 다시 기본 요소와 정책에 피드백되고 전체 혁신시스템은 조금씩 스스로 경쟁력을 갖추어 나가기 시작하면서 발전한다. 그리고 국민 경제는 지속적인 경제성장이 가능하게 된다. 한 국가의 성장엔진을 작동하는 밑바탕 원리에는 '경쟁과 학습'(competition and learning)이 있다.[10]

10 경쟁에는 두 가지 형태가 있었는데, 하나는 시장경쟁으로 한국 기업이 초기부터 해외 시

이러한 원리 위에서 정부가 정책적 선택을 할 때, 식 (2-2)~(2-4)에서 정의된 혁신 주체들의 역량 구축(capacity building)을 우선하여야 하고, 식 (2-1)~(2-4)에서 규정한 시스템의 작동에 대해 영향을 미치는 요인을 파악하는 것이 중요하다. 한국 혁신시스템의 발전에 대한 요인들은 무수히 많을 것이고, 여러 이론에 의해 가능할 것이다. 크게 나누어 보면, 정치·사회·문화적 요인이 맨 아래 자리하고 있고, 그 위에 진화경제학적 그리고 신고전학파의 접근방법론에서 파악하고 있는 요인이 있을 수 있다. 정치·사회·문화적 요인 중에는 한국의 특성과 관련한 요인이 있는데, 유교적 전통, 교육열, 집단적 자아, 더 나은 삶에 대한 열망 등 한국 고유의 요인이 있다. 이러한 것들은 역사성을 가지는 것이다. 진화경제학적 접근에서 기업가 정신, 네트워킹 학습, 자기조직화, 경로 의존성 등 기업의 시장 진입, 생존, 도태 측면에서 지식의 생산, 활용 확산을 통해 과학기술 혁신이 얼마나 왕성하게 발생하는지를 분석한다. 마지막으로 신고전학파의 방법론에서는 투자, 축적, 시장 그리고 정부 정책 등을 강조한다. 이와 같은 요인들이 복합적으로 작용하고 영향을 미치면서 발전 과정이 진행된다. 이들 중에는 개발도상국에서 반복적으로 시행할 수 있는 것도 있겠지만 그렇지 못한 것도 존재

장을 개척하고 해외 기업들과 경쟁하였다(competition-based). 다른 한편, 국내적으로 정부는 자원 배분에 대한 강력한 권한을 틀어쥐고 국내 기업들을 수출시장으로 내몰았으며, 여기서 성과가 좋은 기업은 항상 정부의 인센티브가 주어졌다. 금융, 해외 차관 등의 정부 혜택을 받기 위해 국내 기업들은 서로 경쟁하게 되었다(contest-based). Howitt(2009)는 경제성장에서 경쟁의 중요성을 지적하고 있다.

| 그림 2-2 | 한국의 혁신시스템 발전과 접근방법론

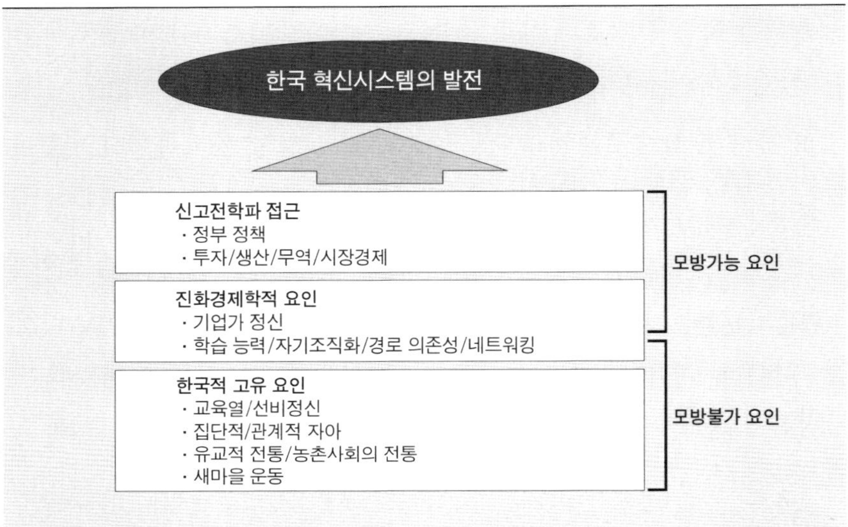

자료: 신태영 외(2012).

할 것이다. 그렇다면 한국의 경험을 개발도상국에서 원용한다고 하였을 때 결과에 대한 기대가 달라질 수 있다(〈그림 2-2〉 참조).

다른 한편, 한국의 혁신시스템이 비교적 짧은 기간 동안 발전하는 과정에서 구조화한 것이 있을 것이다. 이런 것은 지금에 와서 좋은 결과가 된 것도 있지만 혁신에 부정적인 요소로 변한 것도 있을 수 있다. 이러한 점이 밝혀지면 한국의 혁신시스템이 계속 발전해 나가기 위해서 구조적 문제를 어떻게 개선하고 혁신친화적으로 바꾸어 나갈지 정책 방향을 찾아볼 수 있을 것이다.

결론적으로, 이러한 이론적 틀은 혁신시스템을 혁신 주체의 능력 구축 과정을 포함하여 시스템 차원의 동태적 발전 과정을 이해할 수 있게 해준다. 즉, 한 나라의 경제가 중장기적으로 '저개발' 시스템에서 '선진' 시스템으로 발전해 나가는 과정을 더욱 포괄적으로 설명할 수 있게 해준다.

chapter 03

과학기술 발전과 경제성장

1. 한국의 과학기술 발전
2. 한국의 경제성장

한 나라의 경제가 지속 가능한 성장을 이룩하기 위해서는 어떤 조건이 필요한가? 한국은 제2차 세계대전 후 최빈국에서 반세기 만에 선진국 대열로 올라선 유일한 국가이다. 한국의 일인당 국민소득은 1960년 79달러에 불과하였으나 1994년에 1만 달러를 넘어서고, 2006년과 2017년에 각각 2만 달러, 3만 달러를 넘어섰다. 이처럼 한국 경제는 가파르게 상승곡선을 그리는 데 반하여 대부분의 개발도상국은 여전히 '캐치업'(catch-up) 상황을 벗어나지 못하고 있는 이유는 무엇인가? 양자간에 근본적인 차이점으로 혁신시스템의 한 축인 과학기술, 즉 지식시스템의 발전 여부를 지적할 수 있다. 실제 과학기술 발전은 선진국으로 가는 '기회의 창'(window of opportunity)이다.

다음에서 지표를 중심으로 한국의 과학기술 발전과 경제성장에 대해 조망해 보기로 한다. 이에 관한 시스템적 접근은 다음 장에서 자세히 다룰 것이다.

1. 한국의 과학기술 발전

과학기술 활동이란 과학기술을 연구, 개발, 적용하여 지식을 확장하고 혁신을 추구하는 활동을 말한다. 여기에는 실험이나 연구를 통해서 새로운 자연현상을 발견하거나 지식을 창출하며, 이렇게 알려진 지식을 전파하고 인간 생활에 활용하기 위해 기술을 개발함으로써 혁신을 일으키는 일련의 과정에서 일어나는 모든 활동을 포함한다. 오늘날 경제·사회가 당면한 모든 문제는 과학기술에 의해 비롯되었다고 말할 수 있으며, 이를 해결하는 것도 과학기술이라고 할 수 있다. 따라서 과학기술을 탐구하고 확장하는 것은 기후 변화, 질병, 고령화, 양극화 등과 같은 현안 과제를 식별하고 대응하는 데 핵심적 요소인 것이다. 과학기술 발전은 과학기술 활동의 크기와 범위가 점점 확장하는 것을 말한다고 할 수 있다. 그리고 과학기술 혁신은 과학기술 활동의 축적량에 의존한다.

이러한 과학기술 활동을 계량적으로 파악할 수 있게 해주는 것이 연구개발 투자이다. 연구개발 투자는 대학, 연구소, 기업 등이 새로운 지식, 기술, 제품·서비스를 개발하기 위해 투자하는 것을 말한다. 한국에서 연구개발 투자에 관한 통계는 1960년대 중반부터 보고되고 있다. 그러나 OECD 기준에 맞는 통계의 수집은 1980년대 들어서서 이루어진다. 대체로 1970년대 이후의 통계는 현실을 잘 반영하고 있는 것으로 보인다. 정부에서 발표하는 통계를 보면, 1970년부터 2020년까지 50년 동안 연구개발 연평균 증가율은 12.5%였다. 경상가격 기준으로 보면, 1970년 105억 원으로 GDP 대비 0.38% 수준에 불과하였던 연구개발 투자 규모는 1980년에 2,825억 원, 1990년 3조 3,499억 원, 2000년 13조 8,485억 원, 2020년에는 93조 717억 원으로 GDP 대비 4.8%까지 증가하였다(〈표 3-1〉 참조).

| 표 3-1 | 연구개발 활동 관련 지표

	연구개발투자(억 원)		부담률(%)		대GDP 비중(%)	정부 R&D 예산(억 원)	연구원 수 (명)
	명목	불변	정부	민간			
1970	105	2,707	70.3	29.7	0.38	96	5,628
1971	107	2,481	68.3	31.7	0.31	115	5,320
1972	120	2,403	66.2	33.8	0.28	106	5,599
1973	156	2,771	53.4	46.6	0.28	131	6,065
1974	382	5,196	46.5	53.5	0.48	129	6,314
1975	427	4,696	66.7	33.3	0.40	305	10,275
1976	969	8,790	64.3	35.7	0.67	668	11,661
1977	1,442	11,429	47.3	52.7	0.77	803	12,771
1978	1,836	11,944	48.4	51.6	0.73	871	14,749
1979	2,194	12,041	52.5	47.5	0.68	1,336	15,711
1980	2,825	12,438	49.8	50.2	0.71	1,689	18,434
1981	3,688	13,927	53.5	46.5	0.74	2,112	20,718
1982	5,331	18,911	49.4	50.6	0.93	2,304	28,448
1983	6,822	23,087	33.7	66.3	1.00	2,515	32,117
1984	9,072	29,402	27.0	73.0	1.15	2,740	37,103
1985	12,371	38,557	24.6	75.4	1.40	3,456	41,473
1986	16,069	47,712	23.2	76.8	1.56	3,684	47,042
1987	19,852	56,228	24.6	75.4	1.63	4,581	52,783
1988	24,252	64,123	21.3	78.7	1.66	5,011	56,545
1989	28,173	70,231	20.4	79.6	1.70	5,525	66,220
1990	33,499	75,857	19.4	80.6	1.67	7,264	70,503
1991	41,584	86,277	19.4	80.6	1.71	7,945	73,275
1992	49,890	96,040	17.2	82.8	1.80	9,620	85,268
1993	61,530	111,475	16.7	83.3	1.95	11,591	93,680
1994	78,947	132,242	15.9	84.1	2.12	14,763	89,018
1995	94,406	147,756	18.9	81.1	2.16	19,847	100,456
1996	108,781	163,534	22.1	77.9	2.22	23,797	99,433
1997	121,858	176,141	23.4	76.6	2.25	29,941	102,660
1998	113,366	156,845	26.9	73.1	2.11	29,376	92,541
1999	119,218	166,995	26.9	73.1	2.02	32,758	100,210
2000	138,485	192,023	24.9	75.1	2.13	37,480	108,370
2001	161,105	215,877	26.0	74.0	2.28	44,843	136,337
2002	173,251	225,317	26.3	73.7	2.21	61,416	141,917
2003	190,687	239,725	24.5	75.5	2.28	65,159	151,254
2004	221,853	270,447	24.5	75.5	2.44	70,827	156,220
2005	241,554	291,426	24.0	76.0	2.52	77,992	179,812
2006	273,457	330,653	24.0	76.0	2.72	89,095	199,990
2007	313,014	369,547	26.0	74.0	2.87	97,631	221,928
2008	344,981	396,093	26.8	73.2	2.99	108,429	236,137
2009	379,285	420,312	28.7	71.3	3.15	123,433	244,077
2010	438,548	473,032	28.0	72.0	3.32	137,017	264,118
2011	498,904	531,325	26.0	74.0	3.59	148,902	288,901
2012	554,501	583,237	25.0	75.0	3.85	160,244	315,589
2013	593,009	617,448	24.0	76.0	3.95	171,474	321,842
2014	637,341	657,642	24.0	76.0	4.08	177,425	345,463
2015	659,594	659,594	25.0	75.0	3.98	189,355	356,447
2016	694,055	680,539	24.0	76.0	3.99	191,492	361,292
2017	787,892	755,750	23.0	77.0	4.29	195,018	383,100
2018	857,287	818,366	21.0	79.0	4.52	197,479	408,370
2019	890,471	857,236	21.0	79.0	4.63	208,530	430,690
2020	930,717	882,179	23.0	77.0	4.80	242,559	446,739

주: 연구원 수는 FTE 기준.
자료: 한국과학기술평가원, 각년호.

지식은 시간이 지나면서 진부해지기 마련이다. 이러한 지식의 진부화율을 고려하여 지식의 축적량을 추계할 수 있다. 즉, 연구개발 투자를 이용하여 연구개발 스톡을 추계할 수 있는데, 이는 다시 말하면 지식의 축적량을 계량적으로 표현한 것이라 할 수 있다. 신태영(2002)에 의하면, 1975~2000년 기간의 데이터를 이용하여 지식 스톡량을 추계하였는데, 1970년대 중반까지 한국의 지식 축적량은 거의 제로 수준이었다. 그리고 2000년 한국의 지식 스톡량은 미국의 1/17 수준에 불과하였다. 또한 "일본은 한국 규모의 7.4배, 독일은 4.0배, 프랑스는 2.6배, 그리고 영국은 2.1배의 규모를 보이고 있다. … 이를 연도별로 다시 보면, 미국과 일본은 물론 다른 G5 국가들도 1975년 이전에 한국의 2000년도 규모를 달성 …. 즉, 25년 이상의 격차를 보이고 있다는 의미이기도 하다." 한편으로 연구 인력(FTE 기준)은 1970년대 초 보잘것없었으나 이 역시 빠르게 증가한다. 1975년 1만 명 수준이던 연구 인력이 1995년 10만 명을 넘어서고, 2020년에 45만 명에 육박한다(〈표 3-1〉 참조).

이같이 높은 증가세를 보인 연구개발 투자의 배경에는 경제·사회적 측면에서 많은 변화를 포함하고 있다. 1970년대부터 정부 부문의 연구개발 투자 확대에 따라 과학기술 거버넌스가 여러 차례 복잡하게 바뀌어 현재에 이르고 있는데, 이는 늘어나는 연구개발 예산을 보다 합리적, 효율적으로 집행하기 위함이다. 정부 정책도 1970년대의 산업개발 및 수출 드라이브에서 혁신정책 위주로 변하였다. 특히, 연구개발 정책이 여러 경제 관련 부처로 확산한 점을 지적할 수 있다.

과학기술 발전이 새로운 지식을 생산하는 능력과 지식을 생산하거나 생산된 지식을 활용하는 인력의 확보로 이루어진다고 보았을 때 과학기술은 두 가지 경로로 발전한다고 말할 수 있다. 즉, 연구개발 능력의 확충과 교육시스템의 개발이 그것들이다. 연구개발은 새로운 지식을 생산하는 활동이고, 교육시스템은 과학기술 지식을 전수하여 기능 인력에서부터 고급 과학기술 인력까지 인력을 양성하는 것이다.

먼저 교육시스템 측면에서, 해방 후 한국은 '국가 만들기' 과정에서 전쟁과 혼란으로 바닥에서부터 모든 것을 시작해야 하였다. 미군정하에서 국립 서울대학교가 출범하였고, 연희전문, 보성전문 등 전문학교가 대학교로 승격하면서 일부 사립대학교와 지방 대학교들이 1940~1950년대에 출발하였다. 이를 바탕으로 1960년대 정부는 개발정책과 함께 대학시스템을 정비해 나간다. 1960~1970년대에는 교수 요원의 질적 향상으로 교육 강화가 주요 목표였고 여러 가지 제도적 정비가 이루어졌다. 1960년대 이후 개발정책으로 산업을 일으키면서 인력양성이 중요해지자 이공계 대학 설립을 늘리고, 전문대학과 공업고등학교 설립을 확대해 나간다. 이를 통해 기능공과 엔지니어를 확보할 수 있었다. 1980년대 이후 대학시스템은 상당한 수준으로 확장한다. 1985년 대학 수는 85개였으나 2023년 190개, 대학원 수는 201개에서 1,221개로 늘어난다. 대학교 학생 수는 1985년에 약 93만 명이었으나 2023년에 186만 명으로 늘어났고, 대학원생 수는 약 6만 8,000명에서 33만 7,000명으로 늘어났다.[1] 그리고 1990년대 후반부터는 대학의 연구개발

| 그림 3-1 |　국가별 SCI 기준 과학기술 논문발표 건수(2021년)

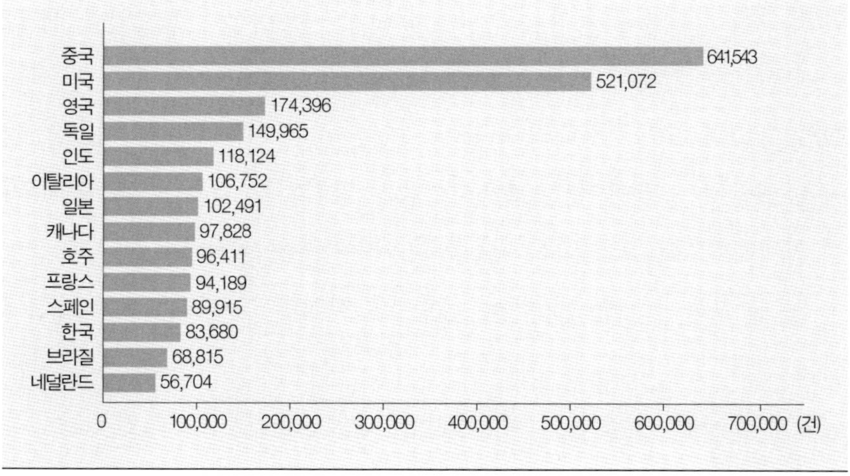

자료: 한국과학기술평가원, 각년호.

활동이 본격화된다. 2021년 과학기술 논문발표 건수는 8만 건이 넘으며 국가별로 볼 때 세계에서 열두 번째로 많은 논문을 발표하고 있다(〈그림 3-1〉 참조). 이러한 대학의 발전에 힘입어 영국 타임즈에서 선정한 세계 대학 순위에 5~6개 국내 대학이 100위 안에 포함되었다(〈표 3-2〉 참조).

대학시스템을 확립해 나가는 한편, 정부는 과학기술 발전을 위해 정부출연연구소를 설립하고 이들을 중심으로 연구개발 기반을 구축해 나간다. 정부출연(연) 시스템은 대학의 연구기반이 갖추어질 때까지

1 교육부·교육개발원, 각년호.

| 표 3-2 | 영국 타임즈 2024 세계 대학 순위: 국내 대학

	학교명	2021년	2024년
1	서울대학교	37	41
2	한국과학기술원	39	56
3	연세대학교	85	76
4	고려대학교	69	79
5	포항공과대학교	77	100
6	성균관대학교	88	145
7	한양대학교	146	164
8	울산과학기술원	–	266
9	대구경북과학기술원	–	307
10	광주과학기술원	–	328

자료: QS Top Universities(https://www.topuniversities.com/university-rankings).

한국의 과학기술 발전의 핵심 축이 되었다. 1980~1990년대를 지나면서 정부출연연구소의 연구개발 능력이 확충되었고, DRAM 개발, CDMA 상용화, 초고속 인터넷 서비스 등과 같은 혁신은 한국 정보통신산업의 초석이 되었고 지식기반 경제로 향한 길을 열어 주었다. 이 과정에서 정부출연연구소 중의 하나인 전자통신연구소(ETRI)는 세계적인 수준의 연구소로 인정받고 있다(〈표 3-3〉 참조). 그리고 핵융합연구소(NFRI)는 ITER(international thermonuclear experimental reactor) 사업에 주도적으로 참여하고 있고,[2] 항공우주연구소(KARI)는 2002년부터 우주발사체 개발에 착수하여 2023년에 KSLV-I & II(누리호) 발사에 성공하였고, 한국은 세

2 ITER 사업은 핵융합 에너지의 상용화 가능성을 실증하기 위해 2007년부터 추진되고 있는 국제협력 사업으로서 한국, EU, 미국, 러시아, 일본, 중국, 인도 등 7개국이 참여하고 있다.

| 표 3-3 | 특허 종합평가: Patent Board 2011

순위	기관명	구분	국가	기술력 지수
1	ETRI	연구소	한국	364.09
2	캘리포니아대	대학	미국	341.88
3	ITRI	연구소	대만	258.08
4	MIT	대학	미국	225.59
5	미국 해군	정부기관	미국	194.21
6	스탠포드대	대학	미국	190.26
7	제너럴호스피털	연구소	미국	172.53
8	미국 에너지부	정부기관	미국	163.06
9	캘리포니아공과대	대학	미국	143.26
10	프라운호퍼연구소	연구소	독일	133.18

자료: 한국경제신문(2012. 4. 5)(https://plus.hankyung.com/apps/newspaper.view?date=20120405#face.20120405.A002.A.N).

계에서 일곱 번째로 독자적인 우주발사체를 보유한 국가가 되었다.

작금 한국의 과학기술 수준은 선진국과 어깨를 나란히 할 정도로 발전하였는데, 1960년대 개발을 시작한 이래 반세기 만에 이룬 것이다.

2. 한국의 경제성장

실물 측면에서, 1960년대 초 경제개발을 시작한 이래 한국 경제는 규모가 빠르게 확대되었다. 1961~2020년까지 60년 동안 연평균 GDP 성장률이 약 7.2%에 이른다. 이러한 성장에 힘입어 1960년 한국의 GDP

는 경상가격 기준으로 2,499억 원에서 2020년 현재 한국의 GDP는 약 1,941조 원(약 1조 6,000억 달러)으로 증가하였으며, 불변가격 기준으로 볼 때 동기간 63배 증가한 것이다. 일인당 소득도 증가하였는데, 1960년 79달러에 불과하였던 것이 1977년에 1,000달러를 넘어서고, 1994년에 1만 달러, 2006년 2만 달러, 그리고 2017년에 3만 달러를 넘어섰다(〈표 3-4〉 참조). 이는 일인당 소득 기준 인구 2,000만 명 이상 국가 중에서 상위 10위 내에 포함되는 경제 규모로 커졌다는 것을 의미한다(2020년 9위).[3]

산업생태계 측면에서 볼 때, 1980년대까지 대체로 기술집약도가 낮은 수출품이 주류를 이루고 있다. 예로서 1980년대 주요 수출품은 의류, 철강판, 신발, 선박, 음향기기, 섬유, 고무제품, 목재류, 영상기기 등이다. 수출품목 구성은 시간이 지나면서 바뀌는데, 1990년이 되면 주요 수출품목으로 자동차, 컴퓨터를 포함하고, 2000년에는 반도체, 무선통신기기, 석유제품 등 기술집약적 제품이 주종을 이루고 있다. 한국 산업의 기술 고도화가 계속 심화하여 2010년에는 반도체, 자동차, LCD 등 첨단 기술제품의 수출이 증가하였다(〈표 4-3〉 참조). 그리고 정보통신 분야 신산업이 출현하였다. 한국의 수출은 1960년 3,300만 달러 수준이었는데 1971년에 10억 달러를, 1977년에 100억 달러를 넘어서고, 1995년 1,000억 달러를 넘어선다. 2020년 수출액은 5,000억 달러를

3 UN Data(https://data.un.org/).

| 표 3-4 | 주요 거시경제 지표

	명목GDP (십억 원)	실질GDP (십억 원)	일인당 GDP (달러)	수출액 (백만 달러)	수입액 (백만 달러)	GDP 디플레이터 (2015=100)
1960	249,860	29,053	79	33	344	0.9
1971	3,438,000	79,712	290	1,068	2,394	4.3
1972	4,267,700	85,457	324	1,624	2,522	5.0
1973	5,527,300	98,193	407	3,225	4,240	5.6
1974	7,905,000	107,522	563	4,460	6,852	7.4
1975	10,543,600	115,953	618	5,081	7,274	9.1
1976	14,472,800	131,284	834	7,715	8,774	11.0
1977	18,608,100	147,484	1,056	10,046	10,811	12.6
1978	25,154,500	163,638	1,459	12,711	14,972	15.4
1979	32,402,300	177,829	1,723	15,055	20,339	18.2
1980	39,725,100	174,900	1,714	17,505	22,292	22.7
1981	49,669,800	187,575	1,883	21,254	26,131	26.5
1982	57,286,600	203,216	1,991	21,853	24,251	28.2
1983	68,080,100	230,397	2,198	24,445	26,192	29.5
1984	78,591,300	254,712	2,413	29,245	30,631	30.9
1985	88,129,700	274,676	2,481	30,283	31,136	32.1
1986	102,985,800	305,786	2,835	34,714	31,584	33.7
1987	121,697,800	344,694	3,555	47,281	41,020	35.3
1988	145,994,700	386,015	4,755	60,696	51,811	37.8
1989	165,801,800	413,316	5,818	62,377	61,465	40.1
1990	200,556,200	454,148	6,608	65,016	69,844	44.2
1991	242,481,100	503,094	7,634	71,870	81,525	48.2
1992	277,540,800	534,277	8,125	76,632	81,775	51.9
1993	315,181,300	571,022	8,884	82,236	83,800	55.2
1994	372,493,400	623,952	10,383	96,013	102,348	59.7
1995	436,988,800	683,938	12,569	125,058	135,119	63.9
1996	490,850,900	737,911	13,398	129,715	150,339	66.5
1997	542,001,800	783,443	12,401	136,164	144,616	69.2
1998	537,215,300	743,252	8,297	132,313	93,282	72.3
1999	591,453,000	828,482	10,667	143,685	119,752	71.4
2000	651,634,400	903,554	12,261	172,268	160,481	72.1
2001	707,021,300	947,394	11,563	150,439	141,098	74.6
2002	784,741,300	1,020,576	13,164	162,471	152,126	76.9
2003	837,365,000	1,052,707	14,669	193,817	178,827	79.5
2004	908,439,200	1,107,421	16,506	253,845	224,463	82.0
2005	957,447,800	1,155,124	19,399	284,419	261,238	82.9
2006	1,005,601,500	1,215,934	21,727	325,465	309,383	82.7
2007	1,089,660,200	1,286,463	24,088	371,489	356,846	84.7
2008	1,154,216,500	1,325,223	21,340	422,007	435,275	87.1
2009	1,205,347,700	1,335,728	19,152	363,534	323,085	90.2
2010	1,322,611,200	1,426,611	23,083	466,384	425,212	92.7
2011	1,388,937,200	1,479,198	25,100	555,214	524,413	93.9
2012	1,440,111,400	1,514,743	25,458	547,870	519,584	95.1
2013	1,500,819,100	1,562,670	27,178	559,632	515,586	96.0
2014	1,562,928,900	1,612,713	29,242	572,665	525,515	96.9
2015	1,658,020,400	1,658,020	28,724	526,757	436,499	100.0
2016	1,740,779,600	1,706,881	29,287	495,426	406,193	102.0
2017	1,835,698,200	1,760,811	31,605	573,694	478,478	104.3
2018	1,898,192,600	1,812,013	33,429	604,860	535,202	104.8
2019	1,924,498,100	1,852,670	31,929	542,233	503,343	103.9
2020	1,940,726,200	1,839,516	31,727	512,498	467,633	105.5

자료: 수출입 통계는 한국무역협회(https://www.kita.net/), 나머지는 한국은행 경제통계시스템(https://ecos.bok.or.kr/#/).

| 그림 3-2 | 무역구조의 변화: 한국

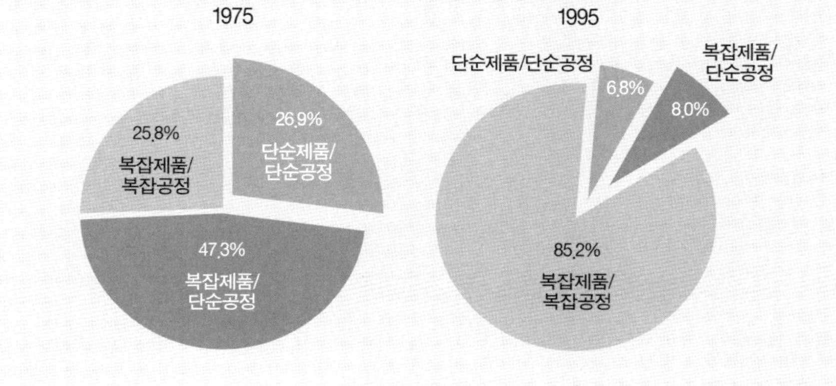

주: 1) 각각의 비중은 수출 상위 30개 품목에서 차지하는 것임.
2) 단순제품/공정, 복잡제품/공정의 기준은 혁신의 관점에서 분류한 것임. 단순제품/복잡공정에 해당하는 상품은 없음.
자료: 신태영 외(2000).

웃돌았다.

첨단 기술제품은 공정 면에서나 제품 면에서나 복잡한 혁신으로 이루어지는데, 이것은 과학기술 능력이 뒷받침하지 않으면 경쟁력을 갖기 힘든 것들이다. 1990년대 중반이면, 한국의 산업구조는 첨단산업 중심으로 고도화를 이룩하게 된다. 세계 무역구조에서도 1970년대 이후 지속해서 첨단 기술제품의 비중이 확대되어 왔다.[4] 라이크로프트와 캐시(Rycroft and Kash)의 분류기준에 따라 한국 수출구조를 〈그림 3-2〉에서

4 Rycroft and Kash(1999).

보면, 1975년 단순제품/단순공정에 해당하는 수출품이 상위 30개 품목의 수출에서 차지하는 수출 비중이 26.9%, 복잡제품/단순공정 수출품의 비중은 47.3%, 복잡제품/복잡공정 수출품의 비중은 25.8%로 수출품에서 고도의 혁신제품이 차지하는 비중이 비교적 낮았다.[5] 그러나 20년이 지난 1995년을 보면, 복잡제품/복잡공정 수출품이 상위 30개 품목에서 차지하는 비중이 85.2%, 나머지는 합해서 15% 수준이었다.[6] 다시 말해, 20여 년 동안 한국의 산업구조가 고도의 혁신을 요구하는 산업구조로 완전히 바뀌었음을 보여 주고 있다. 한국 경제는 세계시장의 추세에 발맞추어 산업화가 이루어졌으며, 첨단 기술제품 중심의 산업구조는 지식시스템에 대한 니즈를 확대하였다.

1990년대 말 외환위기가 있었음에도 정부는 정보통신 인프라 구축에 주력하였다. 1990년대부터 시작한 개인용 컴퓨터 보급과 이동통신 시스템(CDMA, ATM, IMT-2000) 상용화와 함께 초고속 정보통신망 구축은 한국 경제를 디지털 경제로 바꾸어 놓았다. 이러한 환경 변화는 닷컴기업을 비롯해 벤처창업에 대한 기폭제가 되었다. 이후 계속해서 과학기술 혁신의 '스핀오프'(spin-off)가 활발하게 일어나면서 기술벤처가 많이 늘어난다. 미국의 CB Insight의 기준에 따르면, 벤처기업의 시장가치가 10억 달러 이상인 기업을 '유니콘 기업'이라 한다. 2022년 유

5 여기서 수출품목은 SITC 기준 3-digit 수준.

6 1975년 총수출액은 5,081백만 달러, 상위 30개 품목 수출액은 2,649백만 달러. 1995년 총수출액은 125,058백만 달러, 상위 30개 품목 수출액은 59,770백만 달러.

니콘 기업은 전 세계에 900개가 넘는데 한국의 유니콘 기업이 15개 포함되어, 순위로는 미국(628개), 중국(174개), 인도(68개) 등에 이어 세계 10위로 나타났다. 2000년 이후 이같이 새로 탄생하는 벤처기업들이 국내 글로벌 기업과 함께 한국의 경제성장을 이끌어 가고 있다.

한국의 혁신시스템의 발전경로는 산업화가 먼저 추진되고, 산업화 과정에서 산업구조가 고도화되고 기술집약화가 이루어진다. 산업화 초기에는 '산업기반 혁신'이 주축을 이루었다. 산업기반 혁신이란 자본과 (유휴)노동의 투입으로 새로운 제품을 만들어 내는 것을 의미한다. 한국전쟁 이후 산업기반이 붕괴한 상태에서 1960년대 개발정책으로 등장하는 새로운 기업 활동은 모두 이러한 혁신 범주에 속한다. 산업화 초기에는 대체로 선진기술을 자본설비 또는 턴키베이스를 통해서 이전받았고, 공장 가동에 대한 학습이 이루어졌다. 산업기반 혁신을 통해 새로 등장하는 기업과 산업은 세계 시장을 지향하도록 유도되었으며, 수출을 통해 벌어들인 외환은 국내 산업개발에 재투자되었다. 특히 중화학공업 육성정책이 본격적으로 추진되면서 대규모 투자가 소요되었고 해외로부터 차관 도입이 급격히 늘어났으며, 원리금 상환을 위해 외환 확보가 중요해졌다. 따라서 기업의 수출실적이 중요해졌다. 이 모든 과정에서 정부는 '지휘관'으로서 산업화를 이끌어갔다. 다른 한편 수출기업들은 세계 시장에 진출하여 선진국 기업들과 경쟁하는 과정에서 마케팅, 금융, 기술 등에 관한 선진 경영 기법을 학습하게 되었고 빠르게 성장해 갔다. 그리고 이들 중 다수의 기업이 글로벌 기업으로

| 그림 3-3 | 국가별 포춘 500대 기업 수

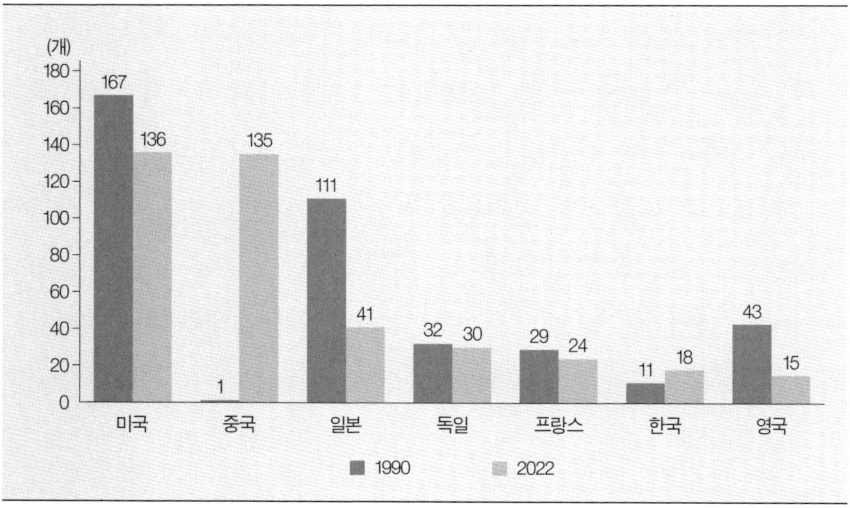

자료: Fortune Korea(https://www.fortunekorea.co.kr/news/articleView.htmlidxno=29430).

성장하면서 한국 산업의 가치사슬을 주도적으로 형성해 나갔다. 한국 기업이 세계 시장의 경쟁에서 생존하고 성장할 수 있었던 배경에는 학습 능력과 사회문화적 요인까지 포함하여 많은 요인이 작용하였다고 볼 수 있다. 2022년에는 포춘 500대 기업군에 16개 한국 기업이 포함되었다(〈그림 3-3〉 참조).

마지막으로, 국민 경제는 실물, 금융, 노동, 대외무역, 생산 등 여러 부문으로 구성되어 있는데 과학기술 능력은 기본적으로 생산 부문이란 창을 통해 국민 경제와 연결된다. 신태영(2012)은 연구개발 투자의 경제적 효율성을 생산함수를 이용하여 추정하였다.[7] 생산함수에 자

| 그림 3-4 | 연구개발 투자 효율성의 동태적 변화

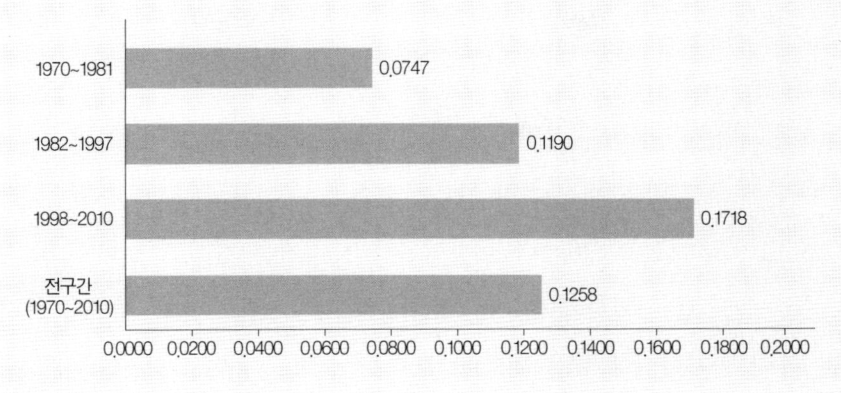

자료: 신태영(2012).

본 스톡과 노동투입에 더하여 연구개발 스톡을 GDP에 회귀하여 연구개발 스톡의 계수를 추정하였다. 추정 결과 1970~2010년 기간에 대한 연구개발 투자의 효율성은 0.1258이었다. 여기에서 효율성은 총요소생산성에 대한 연구개발 투자의 탄력성이며, 효율성이 0.1258이라는 것은 연구개발 투자가 1% 증가할 때 총요소생산성이 0.1258% 증가한다는 것을 의미한다. 이를 기간별로 나누어 보았는데, 1970~1981년 기간의 효율성은 0.0747, 1982~1997년 기간에는 0.1190, 1998~2010년 기간에 0.1718을 보였다. 경제개발 초기부터 산업화가 진행되어 가면서 연구개발 투자의 효율성이 계속 증가하는 것을 볼 수 있다. 즉, 산업구조의

7 신태영·박병무(1999)도 역시 참고할 수 있다.

기술 고도화 수준이 높아질수록 연구개발 투자의 효율성이 증가한 것을 의미하며, 경제성장에 대한 과학기술 발전의 영향이 계속 확대하여 왔다.

종합하면, 한국의 경제발전 과정에서 두 번의 산업혁명이 있었다. 1980년대 중화학공업 위주의 2차 산업혁명은 선진국의 모방·추격 전략으로 이루어졌고, 2000년대 경제구조가 디지털 경제로 전환하고 지식기반 경제로 진입하게 된 것(3차 산업혁명)은 경제발전 과정에서 축적된 과학기술 혁신 능력을 바탕으로 이루어 낸 것이다. 이제 한국은 초고속 인터넷의 발달로 초연결사회(4차 산업혁명)로 진입해 가고 있다.[8]

그리고 과학기술 혁신 관점에서 한국은 혁신 패러다임이 산업기반 혁신에서 과학기술기반 혁신으로 이행하고, 경제발전 패턴도 초기의 자원기반 성장(resource-based growth)에서 혁신주도형 성장(innovation-led growth)으로 전환하게 되었다.

8 4차 산업혁명은 디지털 기술의 발전을 중심으로 하여 인공지능, 사물 인터넷, 자율주행차, 빅데이터 등의 기술이 융합되어 새로운 비즈니스 모델과 산업생태계를 형성하는 변화를 의미한다. 이러한 기술의 발전은 생산성 향상, 혁신적인 서비스 제공, 노동시장의 변화 등 다양한 영향을 미친다.

chapter 04

혁신시스템의 발전 과정

1960년대 초 정부는 경제개발5개년계획을 추진하기 시작하였고, 수출 드라이브 전략을 내세워 산업화의 초석을 놓았다. 그리고 1970년대 후반부터 중화학공업에 대대적으로 투자를 하였다. 1980년대는 1960~1970년대의 고성장을 바탕으로 대량생산, 대량소비 시대에 들어가게 된다. 세계적인 호황에 힘입어 중화학공업이 빠르게 성장하여 산업구조가 고도화되고, 기술집약적으로 바뀌었다. 그리고 1997년 말에 찾아온 외환위기를 극복하는 과정에서 경제구조가 '관치경제'에서 '시장경제'로 바뀐다. 1990년대 들어서면서 불어닥친 정보통신 혁명의 물결 속에서 주요 혁신 사례에 힘입어 한국의 산업은 기술 고도화 구조로 심화하여 갔다. 특히, 이동통신 시스템 상용화, 초고속 정보통신망의 개통 등으로 정보통신산업이 비약적으로 발전하면서, 한국 경제는

| 그림 4-1 | 한국 혁신시스템의 발전 과정

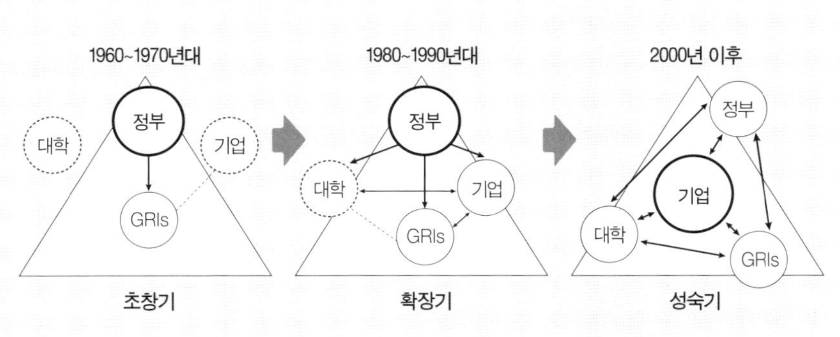

주: 1) 삼각형은 혁신 삼각형을 나타내며, 선의 굵기는 활동의 강도를 나타냄.
2) GRIs는 정부출연연구소.
자료: Bell(2011)에서 수정.

디지털 경제로 전환하였다. 이후 벤처기업이 등장하면서 붐을 이루고, 2000년 이후 한국 경제는 지식기반 경제 시대로 들어간다. 이 과정에서 한국의 혁신시스템은 발전을 거듭하고 정부주도형에서 기업 중심 시스템으로 바뀌어 갔다(〈그림 4-1〉 참조).

다음에서 혁신시스템의 발전 단계를 초창기(1960~1970년대), 확장기(1980~1990년대), 그리고 고도화기(2000년 이후) 등 세 단계로 나누어 각각에 대해 살펴보기로 한다.

1. 초창기: 1960~1970년대

1960년대에 한국의 혁신시스템은 저개발 상태에 있었는데, 정부가 경제개발정책을 추진하면서 기술혁신 니즈를 일으킬 수 있는 기업이 성장하기 시작하였다. 그리고 연구기관의 등장으로 연구기반을 구축하기 시작하였다. 혁신 주체의 역할 측면에서, 1960~1970년대에는 대학을 제외하고 한국의 혁신 주체 중 기업과 정부출연연구소가 정부의 전략·정책에 따라 순차적으로 등장하고 의미 있는 활동을 하기 시작한다.

1) 정부의 정책능력 개발

제1, 2공화국 정부는 역량 면에서 세련되게 경제개발정책을 추구할 능력이 부족하였던 것은 사실이지만, 경제개발에 대한 구상은 계속 다듬어 갔던 것 같다. 그리고 직업관료제도를 정착시킴으로써 향후 정부의 역량 구축에 초석을 놓았고, 토지개혁, 시장경제 도입 등 경제발전의 기틀을 어느 정도 닦았다고 평가할 수 있다. 제3공화국 정부는 신속하게 경제발전 계획을 수립하고 추진하였으며, '경제개발5개년계획'을 추진하는 과정에서 정부 관료들은 빠르게 정책 역량을 키워 나갔고, 점점 두터워지는 '테크노크라트' 관료집단에 의해 산업화가 추진되었다. 경제개발의 성공적 추진과 함께 정부의 정책 수립에서 전문성이 계속 향상되어 갔다. 경제개발 추진 과정에서 정책 분석, 발굴 등 한국 경제·사회에 관한 연구를 통해 전문성을 강화하기 위해, 정부는 사회과학 분야 정부출연연구소를 설립하고 적극적으로 활용하게 된다. 이러한 점은 국내 경제 문제 해결에 외국의 컨설팅을 활용하는 대신에, 대부분 문제를 국내 브레인으로 해결할 수 있다는 점에서 중요하였다.

관료들의 역량 확보에 대해 다음 세 가지 측면을 고려해 볼 수 있다. 첫째, 한국 정부는 신분이 보장되는 직업관료제도를 채택하고 우수한 인력을 확보할 수 있었다. 당시 농업을 중심으로 한 자원기반 경제체제하에서 현대적 의미의 직업이 매우 한정되어 있었다. 따라서 정부 관리가 된다는 것은 안정된 최고의 직장에 고용되는 것을 의미한다. 따라서 많은 인재가 정부 관리가 되기를 원하였고 정부는 우수한 인력을 확보할 수 있었다.

둘째, 빠른 학습 능력을 꼽을 수 있다. 제1공화국이나 제2공화국 시절은 말할 것도 없고, 제3공화국 초기에 관리들의 '문서화 능력'(documentation capacity)은 매우 낮았던 것 같았다.[1] 작은 사업의 기안에도 사례를 찾을 수 없어 처음부터 시작해야 하는 경우가 허다하였으며, 경제발전을 위한 종합계획을 작성한다는 것도 쉽지 않았다.[2] 그러나 『제3차 경제개발5개년계획』을 수립할 즈음에 관료들은 '선수'라고 불릴 정도로 숙달되어 있었고, 3차 계획 수립 시 계획(안)에 대해 국내외 전문가들과 토론할 정도로 수준이 향상되었다.

셋째, 제3공화국은 군인들이 세운 정부라고 할 수 있는데 해방 후 미군정을 거치면서 도입한 근대적 의미의 행정을 가장 먼저 전수할 수 있었던 곳이 군대였다. 군대는 당시 행정시스템 측면에서 한국에서 가장 앞선 조직이었다고 말할 수 있다. 이러한 군대행정(일명 '브리핑 문화'라고도 한다)이 군사정부에서 그대로 도입하면서 이른 시일 안에 효율적인 행정시스템을 구축할 수 있었다.

마지막으로, 정책 거버넌스 측면에서 경제계획 수립 단계에서 보면, 먼저 실무진이 자료를 수집하고 전문가의 도움을 받아 분석하고 상위 거버넌스 계획 구상의 밑그림이 그려진다. 그리고 상위 거버넌스에서 수정이 이루어지면 계획을 다시 조정하게 되는 과정을 거치게 되고, 관련 전문가들 대상으로 공청회를 갖는다. 이러한 일련의 작업 과정은

1 관리의 '문서화' 능력 또는 '기획 능력'(planning capacity)은 스스로 사회 문제를 인식하고 계획을 세워 체계적으로 추진할 수 있는 능력을 의미한다.

2 김정렴(1995).

계획의 현실성을 높여 줄 뿐만 아니라 추진 과정에서의 착오를 줄여 줄 수 있게 한다.[3] 다른 한편, 경제계획을 추진하면서 정부의 부정부패가 심하지 않았고 비교적 투명하게 운영·관리하였다는 점을 지적할 수 있다.[4]

한국 정부의 능력이 당시에는 기업, 대학, 연구소 등 혁신 주체에 비해 가장 앞서 있었다는 점에 주목할 필요가 있다. 엘리트 의식을 가진 공무원들은 자신들이 세운 경제개발계획을 성공적으로 추진해 나갈 수 있었다. 빠르게 역량을 확보한 정부가 앞장서서 혁신시스템에 등장하여 기업을 먼저 육성하기 시작하였고, 그 뒤에 연구기관 등 지식기관을 설립해 과학기술기반을 구축하였다. 전쟁 후 잿더미 위에서 출발하여 이러한 과정을 거치면서 한국의 혁신시스템이 구축되어 나간다.

2) 지식시스템의 기반 구축

한국의 혁신시스템에 있어서 지식시스템은 산업생태계보다 훨씬 늦게 발달한다. 1960년대 이전에 연구기관이란 거의 없었으며 대학도 식민지 시대에 도입한 것으로서 열악한 환경에 놓여 있었다. 미군정하에

3 개발도상국의 경우 경제계획 수립에서 상위 계획 수립 거버넌스와 하위 추진 거버넌스 간의 간격이 넓어 충분한 소통이 이루어지지 않는다. 다시 말해, 계획은 외국의 컨설팅, 시행은 정부의 하위 거버넌스로 이원화되어 있는 경우가 많아 계획 추진이 쉽지 않고 효과를 거두는 데도 어려움이 있다.

4 Fishlow *et al*.(1994).

서 국립대학교를 설립하고 여러 가지 배경을 갖고 태어난 사립대학교들이 있었을 뿐이었다. 대학이라고 하였지만 당시 대학들은 일부 자연과학(공과대학은 거의 없었다)을 가르치기도 하였으나 주로 순수 인문사회과학을 가르치고 있었다. 당시의 지식시스템에서 가능하였던 것은 대학 과정을 이수한 인력을 겨우 배출하는 것이 전부였다. 인력 배출도 산업과도 거의 무관한 것이었다.

지식시스템을 구축하기 위해 정부는 '교육'과 'R&D'를 투 트랙으로 나누어 추진한다. 교육기관으로서 대학시스템 확립 및 공업고등학교 설립을 통한 산업 인력 양성은 문교부가 관장하고, 과학기술 연구개발 능력 구축은 과학기술처가 주도하는 체제로 출발하게 된다. 즉, 과학기술기반을 구축하는데 대학시스템 중심이 아니라 정부출연연구소를 설립하여 별도의 시스템을 만들어 나간다.[5]

(1) 과학기술 거버넌스

제1공화국의 이승만 정부는 한국전쟁 후 1955년 2월에 부흥부를 내각에 설치한다. 부흥부는 현 기획재정부와 건설부의 전신으로 전쟁 후 경제부흥을 위해 조직된 새로운 경제계획 기구였다. 부흥부는 산업경제의 부흥에 관한 종합계획과 그 실시의 관리조정 업무를 수행하였

5 이러한 정부의 전략적 패턴은 발전 과정에 종종 나타난다. 석·박사급 고급 과학기술 인력 양성을 위해 기존 대학시스템을 제쳐놓고 과학기술처 산하에 대학원대학교 KAIST를 별도로 설립한 거나, 1990년대에 산업정책의 주무부서인 산업부가 있었음에도 불구하고 정보통신부를 신설하여 정보통신산업을 관장하게 한 것도 마찬가지이다.

다. 부흥부는 1958년 3월 부흥부 안에 '산업개발위원회'를 두었다. 제2공화국 장면 정부(1960~1961) 시기에 산업개발위원회는 '경제개발3개년계획'을 수립하였지만, 빛을 보지는 못하였다. 제1공화국과 제2공화국 시기에는 경제개발을 전담하는 부흥부가 있었던 반면, 과학기술을 담당하는 장관급 상위 거버넌스는 별도로 존재하지 않았다. 이 시기에 미군정 학무국의 업무 이관을 위해 설치된 과학교육국, 상공부의 수산국, 전기국, 공업국 등이 중앙정부 내에 있었다. 또 상공부 산하에 중앙공업연구소, 중앙지질광물연구소, 중앙수산시험소, 특허국 등이 존재하였으나 과학기술정책을 종합적으로 다룰 행정조직은 없었다. 결국 제1, 2공화국에서는 과학기술정책에 대한 체계적인 거버넌스를 갖추지 못하였다.

제3공화국에서 본격적인 경제개발을 정부 주도로 추진하면서 경제기획원(부흥부의 후신)을 설립하였다. 경제기획원은 경제개발 추진을 위한 '사령탑'과 같은 의미를 갖는 곳이었는데, 과거 부흥부와 달리 기획과 예산에서 전문성을 강화한 측면이 있다. 『제1차 기술진흥 5개년계획(1962~1966)』을 보면, 한국의 기술 수준에 대해 언급하고 있다. 기술 수준이 "지극히 낮은 상태"인 이유 중 하나로서 "기술행정을 효율적으로 시행할 종합적인 행정체계"가 없다는 점을 지적하고 있다. "과학기술 각 분야 …. 기초연구로부터 실용화에 이르기까지 각 단계를 …. 일관된 관점에서 종합적으로 시행할 체제"의 필요성에 따라 과학기술 종합행정체제를 확립할 수 있도록 경제기획원에 기술관리국을 설치하기로 한다.[6] 동 계획에서 기술관리국을 설치하고 과학기술 진흥을 위한 법적·제도적 정비와 기술 인력 양성, 연구개발 투자 등에 대한 계획을 담고 있다. 1962년 5월 계획에 따라 53명 규모의 기술관리국과 과학기술 관련 3개 위원회가 설치된다. 그러나 기술관리국이 본격적인 과학기술정책을 추진하기에는 한계가 있었다. 1966년에 작성된 『제2차 과학기술진흥 5개년계획(1967~1971)』에서 정부는 "다원적인 체계하에 있는 여러 과학기술 행정기관 사이의 유기적인 연계와 협조를 보장하기 위하여 종합적인 과학기술 행정기구의 필요성은 강조 …. 그러므로 계획기간 중 과학기술 진흥 자체를 행정 목적으로 하는 종합적 과학기술 행정기구는 국무위원을 장으로 하여 독립된 기구로서 설치 …. 이러한 행정기구는 총체적인 과학기술진흥계획과 예산 면에서 제합성을 갖게 하기 위하여 당해 부처 고유의 행정 목적 아래 운영되고 있는 과학기술 관계 업무도 기획과 예산 면에서 종합조정 …"이라는 구상을 하고 있었다.[7]

1967년에 「과학기술진흥법」이 국회를 통과하였다. 이전부터 계속된 과학기술계의 요구와 과학기술 진흥에 대한 높아진 관심에 정치적 판단이 더해져 과학기술을 전담하는 행정기구의 설립 구상이 구체화한 것이다. 여러 행정 부처가 관계된 과학기술 행정 업무의 성격상 종합조정의 필요성에 따라 과학기술 행정기구는 처음부터 '처'로 구상하였고,

---

6 경제기획원(1962b).
7 경제기획원(1966).

1967년 4월 21일 과학기술처가 출범하였다. 과학기술처는 2실(연구조정실, 기획관리실), 2국(진흥국, 국제협력국), 10과와 산하에 원자력청, 국립지질조사소, 중앙관상대를 두었는데, 과학기술 진흥을 위한 종합적 기본 정책의 수립과 계획의 종합조정, 기술협력 등의 사무를 관장하였다. 과학기술처는 한국 과학기술의 방향을 제시하기 위한 과학기술개발 장기종합계획의 수립을 최우선 과제로 추진하는 한편, 20년 목표의 장기 과학기술 인력 수급체계 작업을 수행하고 이를 바탕으로 경제개발에 필요한 인력개발계획을 수립하였다.[8]

(2) 정부출연(연) 시스템의 구축

『제1차 경제개발5개년계획(1962~1966)』은 1962년에 시작하여 1966년에 목표를 초과 달성하며 종료한다. 1차 계획기간 중에는 연구개발 관련 정부예산 집행이나 민간 부문의 연구개발 지출이 매우 낮았을 것으로 판단된다. 연구개발에 대한 수요가 있었다면 당시 자본재에 체화되어 들어오는 외국 기술의 이전을 위해 필요한 최소한의 활동이 있었을 것이고, 정부 부문에서도 지질조사나 당시 원자력연구소 등과 관련한 예산이 전부였을 것으로 보인다. 따라서 이 기간에 현대적 의미에서 연구개발 활동이란 거의 없었다.

이런 상황에서 1966년에는 미국의 지원을 받아 종합연구소로서 한

8 과학기술부(2008).

국과학기술연구원(KIST)을 완공하면서 비로소 '혁신 삼각형'의 한 축인 연구기관이 국내 처음 생기게 되었다.[9] KIST를 설립함으로써 현대적 의미에서 연구개발 활동을 시작하게 되었다. 1960년대 연구기관은 KIST, 원자력연구소 그리고 일제 강점기 지질조사소에서 시작한 지질자원연구소 등 3개뿐이었으나 KIST 설립 이후 전문연구소가 파생되어 설립되면서 1970년대 말에는 정부출연연구소가 10개에 이른다. 한국의 과학기술은 이같이 탄생한 정부출연(연) 시스템을 중심으로 발전하게 된다. 정부의 재정지원으로 KIST를 설립하였지만, 연구소의 자율적인 운영을 위해 재단법인 형태를 취하였으며, 설립 과정에서 미국 측이 적극적인 역할을 담당하였다.[10]

KIST 설립이 가져온 효과는 일차적으로 우수한 연구 인력의 확보에 있었다고 말할 수 있다. KIST 설립 초기에 가장 중요한 문제는 인력 확보였는데, 정부는 우수한 연구 인력을 확보하기 위하여 초기에는 외국에 거주하는 한국인 과학자를 초빙해 오는 데 심혈을 기울였다. 초기에 과학기술 인력이 지극히 부족하였던 상황에서 종합연구소의 설립은 해외 한국인 과학기술자를 유치하는 데 핵심적인 역할을 하였다. 초창기 KIST 박사 연구원은 나중에 전문 분야별로 설립한 정부

9 KIST의 설립 배경으로 1965년 5월 워싱턴 한미 정상회담에서 미국 측의 연구소 설립 지원 제안을 계기로 산업계의 기술개발을 지원하는 역할을 담당하는 종합연구기관을 세우려는 정부의 시도는 급물살을 타게 된다. 정부는 단순히 새로운 연구소 설립에 머무르지 않고 국가의 전체적인 과학기술 진흥정책을 새롭게 하는 계기로 삼았다.

10 국공립연구소가 아닌 정부출연연구소 형태를 취함으로써 새로 설립되는 연구소는 인재 영입 등 재량권을 가져 빠르게 성장할 수 있는 장점이 있었다.

출연연구소의 리더로, 그리고 1980년대 민간연구소 설립이 활발하게 진행될 때 민간연구소 책임자로 진출하여 국내 연구기반을 닦는 데 중대한 공헌을 하였다. KIST 1세대 연구원들은 한국 과학기술계의 리더로서 정부 부문과 민간 부문에서 두각을 나타냈던 것이다. 이러한 연유로 KIST는 한국 과학기술 발전사에 핵심적인 위치를 차지하였다.

산업 활동이 확대되고 기술 수요가 급격히 팽창하였으나 민간 기업의 기술 선정과 도입기술의 소화·개량 능력은 여전히 낮았다. 정부는 KIST 하나만으로 대응하는 것이 불가능하다고 판단하여, 산업기술별로 전문화된 정부출연연구소를 설립한다. 1973년 정부가 중화학공업화를 선언하면서 분야별로 정부출연연구소를 설립하기로 함에 따라 KIST를 모델로 한 정부출연연구소 체제가 크게 확장하였다. 정부는 이를 위해 1973년 「특정연구기관육성법」을 제정함으로써 기관마다 별도의 육성법 없이도 KIST와 유사한 지원을 받을 수 있도록 하였다.[11] 전문 분야 정부출연연구소는 민간 기업들이 필요로 하는 적정 기술을 선정할 수 있도록 지도하고, 민간 기업을 대신하여 도입기술을 현실 여건에 맞게 소화·개량시켜 산업계에 이전시켜 주는 역할을 담당하도록

11 1960~1970년대 과학기술 관련 주요 입법을 보면, 1966년에는 「한국과학기술연구소육성법」이 제정되어 한국과학기술연구소에 대한 정부의 지원이 본격화되었다. 1967년에 제정된 「과학기술진흥법」은 우리나라 과학기술정책에 대한 기본적인 법률에 해당한다. 1972년에는 민간의 기술개발 활동을 유인하기 위하여 「기술개발촉진법」이 제정되었고, 1973년에는 정부출연연구기관을 육성하기 위한 목적으로 「특정연구기관육성법」이 제정되었다. 1970년에는 「한국과학원법」이 제정되어 한국과학원에 대한 정부의 적극적인 지원이 가능해졌다.

한다. 산업기반 혁신이 주축을 이루던 당시 기업들은 주로 선진국으로부터 자본설비 수입을 통해 기술이전을 받거나 턴키베이스로 기술을 도입하였다. 이 과정에서 정부출연연구소는 기술적 역량이 부족한 기업들을 지원하는 역할을 담당하였다. 1970년 말까지 설립된 정부출연연구소의 설립 연도와 설립 현황을 보면 다음과 같다.

- 1918 한국지질자원연구소(Korea Institute of Geoscience and Mineral Resources, KIGAM)
- 1959 한국원자력연구소(Korea Atomic Energy Research Institute, KAERI)
- 1966 한국과학기술연구소(Korea Institute of Science and Technology, KIST)
- 1971 한국과학기술원(Korea Institute of Science and Technology, KAIST)[12]
- 1973 한국해양연구소(Korea Ocean Research & Development Institute, KORDI)
- 1975 한국표준과학연구소(Korea Research Institute of Standards and Science, KRISS)
- 1976 한국기계연구소(Korea Institute of Machinery and Materials, KIMM)
- 1976 한국전기연구소(Korea Electrotechnology Research Institute, KERI)
- 1976 한국전자통신연구소(Electronics and Telecommunications Research

12 설립 당시 명칭은 한국과학원(Korea Institute of Science, KAIS).

Institute, ETRI)

- 1976 한국화학연구소(Korea Research Institute of Chemical Technology, KRICT)
- 1977 한국에너지기술연구소(Korea Institute of Energy Research, KIER)

KIST 이후 설립된 전문연구소는 제도·운영·관리 측면에서 KIST를 벤치마킹하였으며, 인적 교류 등 직간접적으로 KIST와 관련이 있었다. 즉, KIST는 이후에 설립되는 여러 연구소의 모태가 되었던 것이다. 예로서 KORDI, ETRI 등은 KIST 부설연구소로 출발하여 나중에 독립하게 된다. 1970년대 설립된 전문연구소는 표준, 전기, 기계, 화학 분야 등 당시 산업 육성과 밀접한 관련성이 있는 것들이다. 예로서 수출품의 품질관리를 위하여 표준의 필요성에 따라 KRISS를 설립하고, KRICT 설립에는 17개 기업이 출연하여 건설기금을 마련하였다. KERI는 '전기기기시험연구소'에서 출연(연)으로 확대 개편한 경우이고, KIER는 초기에 '열관리시험연구소'로 발족하여 나중에 KIST 부설 '태양에너지연구소'를 흡수 통합하였다. 이들 연구소는 산업화 과정에서 사회적 니즈에 따라 개편되고 통폐합하는 과정을 겪는다.

다른 한편, 정부출연연구소 설립과 관련하여 주목할 점이 있는데, 정부는 석·박사급 고급 과학기술 인력을 양성하기 위하여 고등교육기관으로서 한국과학기술원(KAIST)를 설립한다. KAIST는 대학원 과정으로 학사를 편성하여 석·박사급 고급 과학기술 인력을 양성하는 대학원대학교로 출발하였다. 그리고 KAIST를 문교부가 아닌 과학기술처 산하에 두었다. KAIST를 과학기술처 산하에 둠으로써 정부의 일반적인 교육정책과 무관하게 과학기술 발전계획의 틀 안에서 다른 정부출연연구소와 함께 육성할 수 있었다. 즉, 과학기술처의 과학기술 발전계획에 따라 투자가 이루어지고 연구 중심 대학원으로서 빠르게 자리를 잡아 고급 과학기술 인력을 양성할 수 있었다.[13]

전문연구소 설립이 늘어나면서 이들을 수용할 장소가 문제로 대두하였다. 당시 서울의 홍릉에 KIST가 있었으나 추가로 연구소를 수용하기에는 협소하여 연구단지를 건설하기로 하였다. 산업개발에 힘쓰던 정부는 여러 곳에 산업단지를 건설하던 중이었는데, 여기에 착안하여 정부는 대덕에 연구단지를 세우기로 한다. 연구소가 하나의 단지 내에 모여 있는 것에 대해 지금은 비판도 있으나 당시로는 같은 장소에 모여 있으면 시너지 효과가 있을 것으로 기대하였다. 대덕연구단지를 건설함으로써 전문 정부출연연구소, 민간연구기관, 그리고 서울 등에 산재해 있는 국공립 연구기관들을 한곳에 집결시켜 연구원들의 교류 확대, 다분야 간의 협동연구 촉진, 기술정보의 신속한 교환 등 기술개발

13 1960년대 말 산업발전에 필요한 고급 과학기술 인력을 공급할 수 있는 '응용과학기술대학원' 설립에 대한 정근모 박사의 구상을 바탕으로 하여, 1970년 한국과학원법(안)이 국무회의를 통과하여 확정되었고, 미국의 USAID로부터 600만 달러의 교육차관을 들여와 설립 재원을 확보하였다. 문교부의 격렬한 반대가 있었으나 박정희 대통령의 결정에 따라 과학기술처 산하에 두기로 하고, 1971년 2월에 학부제 없이 대학원대학교로서 출범하게 되었다(카이스트신문, 2011. 2. 13, https://times.kaist.ac.kr/news/articleView.html?idxno=817).

과 투자의 효율화를 도모하고자 하였다.

1960~1970년대의 과학기술정책은 정부출연(연) 시스템을 중심으로 과학기술기반 조성에 주력하였는데, 정부출연연구소는 무엇보다도 조직화한 연구자원으로서 정부의 전략에 따라 대형 국책사업을 수행할 수 있었기 때문에 교수 개인 중심의 연구 활동이 주축을 이루는 대학과는 차별성을 갖는다. 발전 과정에서 정부출연(연) 시스템은 지식시스템의 핵심으로 성장해 나간다. 한편, 1977년 5월에 한국과학재단을 설립하여, 과학기술 연구 능력의 배양과 과학교육의 진흥, 과학기술의 국제교류를 증진하도록 하였다. 한국과학재단을 통해 과학기술처가 대학에 대한 기초연구 지원에 착수한 것이 이공계 대학의 연구 활동에 초석을 놓았다.

한국의 총연구개발지출(GERD)은 경상가격 기준으로 1970년 105억 원에서 1979년 2,194억 원으로 늘어났으며, 연구개발 투자의 대GDP 비중은 0.38%(1970)에서 0.68%(1979)로 늘어났다. 정부-민간 부담률은 각각 70.3%, 29.7%(1970)에서 52.5%, 47.5%(1979)로 바뀌었다. 이 기간에 연구개발 활동은 정부 주도로 이루어졌음을 알 수 있다. 당시 정부의 연구개발 예산은 1970년에 약 96억 원이었으나, 1979년에는 1,336억 원으로 늘어났다. 그리고 연구원 수는 1970년 5,628명에서 1979년 15,711명으로 증가하였다.

(3) 대학시스템의 정립

① 개발이전 상황

해방 직후 한국의 지식인들은 새로운 국가의 교육과 과학기술 건설을 위해 대부분의 고등교육기관이 모여 있는 서울을 중심으로 모였다. 지식인들은 해방 다음날인 1945년 8월 16일에 조선학술원을 발족하였다.[14] 여기에 참여한 지식인들은 인문학, 사회과학, 자연과학 등 모든 학문 분야를 아울렀고, 좌파, 우파를 막론하고 민족문화 재건, 신국가 건설에 기여하기 위하여 모였다. 그러나 일제 청산이라는 시대적 요청, 미군정의 현상 유지 정책에 대한 사회적 갈등 등 한국 사회를 복잡하게 만든 정치적 혼란 속에서 학계 역시 불안정하였다. 비교적 정치로부터 거리가 먼 과학기술인들도 당시 극심했던 좌우 이데올로기 대립 속에서 자유롭지 못하였다. 미군정이 시작되면서 정책 환경은 자유민주주의적 체제로 변화하였다. 결국 미국의 정치적·교육적 이념의 영향을 받아 고등교육정책은 접근 기회나 내용, 기본제도 및 체제 면에서 개방성을 띠게 되었다. 또한 고등교육에 대한 사회적 수요도 증대함으로써 개방적인 고등교육정책으로 전환이 더욱 강하게 요청되었으며, 광복 후 사학의 신장이 고등교육정책 변화에 영향을 주었다.

미군정 문교부는 1946년 7월 13일 경성대학과 9개 전문학교를 통

14 조선학술원은 1년 만에 해체되고, 이 운동 참여자들은 추후 대한민국 학술원과 북한의 과학원의 주축으로 활동하였다.

합하는 '국립서울대학교 설립안'(약칭 국대안)을 발표하였다. 그리고 같은 해 8월 22일 법령 제102호 「국립서울대학교설립에관한법령」을 공포하고 국대안을 시행하였다.[15] 이로써 종합대학교로서 국립 서울대학교가 출범하게 되었으나 교수 요원이 매우 부족한 상태였다. 특히 이공계열의 교수 요원은 전혀 없다시피 하였다. 1950년대 대학은 교수 요원도 부족하였을 뿐만 아니라 학교시설 면에서도 몹시 낙후되어 있었다. 따라서 대학이 추구하는 학문의 깊이와 범위가 매우 한정적이었다. 게다가 1950년 한국전쟁이 터지면서 대학은 다시 위기에 처하였다. 한국전쟁 중 전시연합대학을 설치·운영하였고 이는 나중에 지방대학 발족의 계기를 마련해 주게 된다. 1952년에서 1954년 기간 동안 한국의 고등교육은 크게 팽창하여 새로운 대학 붐이 조성되었다. 그리하여 이 기간에 모두 16개교의 사립대학이 새로 설립되거나 승격 인가되었다.[16] 한국전쟁이 끝나고서 사회 환경이 안정되지 못한 상황이었지만 국민의 교육열은 매우 높았고 정부의 개방적 교육정책과 더불어 교육발전을 위한 국민적 노력이 계

15 국대안 발표가 있자 경성대학과 전문학교의 상당수 교직원과 학생들은 맹렬한 반대 운동을 펴기 시작하였다. 그러나 미군정 문교부는 1946년 8월 22일 법령 제102호 「국립서울대학교설립에관한법령」을 공포하고 국대안을 강행하였다. 미군정의 일방적인 인사 조치와 대학 개혁에 국대안 반대 운동이 더욱 격화하였다. 미군정은 국대안 파동을 수습하는 과정에서 많은 지식인을 좌익으로 몰고 학원에서 축출하였다. 교수 요원 총수의 2/3에 해당하는 380명이 학교를 떠났다. 이 중에서 일부 지식인들의 월북으로 이어졌고, 그중에 상당수의 과학기술자가 포함되었다.

16 사회적 요구에 따라 대학체제의 발전이 빠르게 진행되는데 사립학교의 몫이 기형적으로 증가하고 고착하였다.

속되었다.[17] 전국의 대학이 주요 지역별로 전시연합대학 체제로 운영되는 상황에서, 실제 대학의 과학기술 연구 활동은 중단된 상태였다.

그러던 중 USOM(United States Operation Mission, 미국대외원조처)의 지원으로 서울대는 이른바 '미네소타 프로젝트'를 통해 공과, 농과, 의과 대학의 교수 요원을 양성할 수 있었다.[18] 1950년대 미네소타 프로젝트 등 외국의 지원을 받은 유학생과 국비 유학생이 귀국하면서,[19] 1960년대 초 어느 정도 교수 요원을 확보하여 대학이 모습을 갖추기 시작하였다.[20] 1960년대 이후 유학 세대, 특히 미국 유학파를 중심으로 새로운 과학기술자 세대가 형성되었다. 이들은 주로 대학 교수직을 맡았고, 각 분과 학문의 발전뿐만 아니라 국내 학회의 활성화와 전문화에 기여하였다. 1950년대 대학의 과학 교육은 부족한 교수진으로 매우 부실하였으나, 1960년대에 문리대나 이공대의 교수 충원이 늘어나 교육의 내실을 기할 수 있었고 이를 바탕으로 국내 대학 상당수가 대학원 과정을 개설할 수 있었다.

---

17 전국대학연감편찬위원회(2006).

18 전쟁 직후 문교부는 미국 USOM의 교육 원조자금으로 서울의 12개 대학을 재건하려 하였다. 그러나 당시 서울대 총장 최규남이 문교부 장관 김법린을 설득하여 원조자금 모두를 서울대에 집중적으로 투자하도록 하였다. 1955~1958년 동안 약 545만 달러를 지원받았고, 1961년까지 연장하여 추가로 484만 달러를 더 지원받았다. 이를 통해 218명이 유학을 다녀올 수 있었다.

19 1956년에서 1960년 기간 동안 모두 2,158명이 해외 유학을 떠났는데 이 중 1,846명이 미국 유학생이었다.

20 홍성주(2007).

② 교육시스템 구축

경제개발계획을 추진하던 1960~1970년대에 대학은 주로 교육 기능을 강화하는 방향으로 발전하였다. 이 기간에 혁신 관점에서 대학의 주요 역할은 산업현장에 필요한 인력을 배출하는 것이었다. 공과대학은 중화학공업 육성과 함께 1960년대 말부터 확대된다.

1960년대 들어서면서 국내 대학 교수진의 질이 1950년대에 비해 어느 정도 향상되었으나 정부의 대학 지원 상황은 나아지지 않았다. 정부 지원이 부족한 상태에서 대학교수는 문헌, 연구 장비, 연구비가 모자랐고 연구 활동이 부진하였다. 대학의 연구비는 주로 문교부에서 지원하였는데 대학연구를 활성화하기보다는 교수 봉급을 보조해 주는 정도였다. 1950년대까지만 해도 대학에는 순수 인문사회학 계열 학과들만 있었다. 그러나 산업화가 진전되면서 산업에 연관되는 학과들(무역학과, 회계학과, 경영학과, 산업심리학과 등)이 등장하기 시작하였고, 그런 학과들이 인기를 끌었다.[21] 산업화에 부응하여 대학은 소수의 엘리트 교육기관에서 다수의 보편 교육기관으로 바뀌어 갔다.[22]

대학 교육과 연구의 세 주체는 대학, 대학원, 부설연구소들이다. 국내 대학들은 1960년대까지 대학 교육 정상화에 주력하였으나 연구소와

21 박정희 정부는 1962년 『제1차 경제개발5개년계획(1962~1966)』을 수립하고 본격적으로 산업화를 추진해 나가면서 산업화를 뒷받침할 기술진흥책의 필요성을 인지하게 된다. 이에 따라 1966년에 『제2차 과학기술진흥 5개년계획(1967~1971)』을 마련하였다. 이 계획은 각 대학에 자연계열 학과와 단과대학을 확충하는 데 영향을 주었다. 국내 대학들은 '공업입국'과 관련된 학문 분야의 학과 개편과 신설을 활발하게 추진하였다.

22 박영식(2002).

대학원 운영은 쉽지 않았다. 이러한 국내 대학원 교육의 수준은 교수와 연구 인력을 재생산하는 체제가 작동하지 않음을 보여 주었다. 그 결과 대학교수와 연구자 임용에서 국내 대학 박사보다는 외국 대학 박사를 선호하였다. 국내 대학원이 양적으로 증가하면서 대학원 교육의 질을 향상시켜야 한다는 사회적 요구가 높아지고, 1970년대 산업이 발전하면서 고급 과학기술 인력 수요를 충족할 교수와 연구자 양성이 현안 과제로 부상하였다. 이러한 상황에서 국내 대학원 육성을 위해 문교부는 1970년대에 본격적으로 대학원 교육 강화책을 수립하여 시행하였다. 문교부는 대학원 교육제도를 개혁하였는데, 그동안 국내 대학원 박사학위 과정에서 교과목을 이수하지 않고 연구 업적만으로 학위를 수여하는 일본식 제도를 폐지하고 입학시험, 논문 자격시험, 교과목 이수와 같은 특정 절차를 거친 후 학위논문을 제출하는 미국식 제도로 개편하였다. 이러한 개혁은 각 대학의 적극적 호응을 얻었고, 1970년대 국내 대학원 제도는 빠르게 미국식 체제로 바뀌어 갔다.[23]

한편, 이 시기 국내 대학들이 대학원 개혁을 적극적으로 논의하고 추진한 배경에는 정부의 KAIST 설립계획이 있었다. KAIST는 당시에 드물게 연구 중심 대학원을 표방하였고 정부의 전폭적인 자금과 시설을 지원받았다. 그뿐만 아니라 KAIST 입학생에 대한 처우도 국

23 해방 후 대부분의 교수 요원은 학사학위 소지자였으며 박사학위 소지자는 극히 드물었다. 1950년대 혼란기를 거치면서 이들은 일본식 제도에 따라 논문만 쓰고 박사학위를 받을 수 있었다.

| 표 4-1 | 대학원과 대학원 학생 수 추이(1965~1980)

	대학원 수			대학원 재적 학생 수		
	국립	사립	계	석사	박사	계
1965	12	25	37	3,598	244	3,842
1970	21	43	64	6,122	518	6,640
1975	24	58	82	12,351	1,519	13,870
1980	32	89	121	29,901	4,038	33,939

자료: 문교부, 각년호.

내 다른 대학원과 현저하게 달랐다. KAIST 재학생은 장학금과 연구비를 지원받았으며 졸업생은 병역특례 혜택도 받았다. KAIST 설립계획을 놓고 문교부와 국내 대학교수 상당수가 반대 견해를 나타내기도 하였다. 그러나 1971년 KAIST 설립으로 국내 대학의 이공계 대학원은 KAIST와 경쟁적 관계에 놓였고, 이는 국내 대학원의 교육과 연구 역량을 향상하는 데 자극제로 작용하였다.

1970년대 한국 정부가 중화학공업 정책을 추진하면서 공업계 인력 수요가 늘고 있는 상황에서 KAIST가 소수 정예의 고급 과학기술자 양성 역할을 맡았다면, 국내 대학은 다수의 엔지니어 양성을 담당하였다.[24] 급증하는 과학기술 인력 수요를 충당하기 위해서는 과학기술 분

24 산업화 초기에 경공업·중화학공업 발전에 필요하였던 산업 인력은 주로 기능공이었다. 부족한 기능공을 양성하기 위해 정부는 1967년에 직업훈련제도를 마련하고 '공공 및 사업장 내 직업훈련소', '중앙직업훈련원' 등의 설립을 추진하였다. 그리고 '공업고등학교육성 5개년방안'을 추진하여 기계공고, 시범공고, 특성화공고, 일반 공고 등 공업고등학교 설립을 확대하였다. 1973년에는 국가기술자격제도를 마련하여 교육훈련과 기술 능력 검증을 연계함으로써 기능·기술 인력 확보를 위한 체제를 확립하였다. 특히, 기능장·기술

야의 교수진 또한 많이 필요하였다. 1970년대 중화학공업정책의 직간접적 영향과 KAIST와의 경쟁관계 등이 복합적으로 작용하여 서울대학교는 본격적으로 대학원 중심 대학을 표방하고 중장기계획을 세운다. 1960년대까지 대학의 주요 기능은 '교육'에 있었으나 1970년대 말이 되자 대학의 '연구' 기능이 겨우 모습을 갖추었다. 대학원 중심 대학론의 대두와 이를 실현하기 위한 대학원 제도 개혁, 그리고 정부의 대학원 지원이 있었으나, 이때까지도 대학 연구가 발전하였다고 보기는 어려웠다. 1970년대 대학원 발전의 주요 목표는 교수 및 연구 요원 양성이라는 교육 기능에 치중하였다. 1970년 경상가격 기준으로 대학의 연구비는 약 4억 원에서 1979년 208억 원으로 증가하였고, 불변가격 기준으로 12배 증가한 것이다. 빠른 연구비 증가에도 불구하고, 연구설비·장비가 부족한 상태에서 연구기반을 갖추어 나가는 과정이어서 대학의 연구 기능은 실질적으로 강화되지 못하였다.

3) 산업화 기반 구축

정부는 1961년 『제1차 경제개발5개년계획(1962~1966)』을 발표하면서

사 제도를 도입하여 이들은 정규 교육을 통한 박사학위 소지자와 같은 대우를 받을 수 있도록 하였다. 1973년 「국가기술자격법」 제정을 통해 기존의 다양한 기술자격·면허와 산업기술 인력을 산업기술 수요 패턴에 따라 종합화, 등급화, 체계화하였으며 국가기술자격 검정을 의무화함으로써 산업이 요구하는 기술적 자질과 교육훈련의 내용을 더욱 밀접하게 연계시키고자 하였다.

본격적인 경제개발을 추진한다. 그리고 산업화를 위한 수출 드라이브 정책을 강력히 추진하고, 중화학공업에 대한 기반을 닦는다. 경제개발계획은 1997년까지 총 7차례에 걸쳐 추진하게 된다. 이 기간에 정부는 시장보다 우위에서 시장에 대한 개입과 통제를 계속하여 '관치경제' 상태를 유지해 나간다.

정부가 1962년에 경제개발 5개년계획 추진을 시작하면서 내세운 개발전략은 ① 수입대체산업 육성과 수출 드라이브, ② 대기업(national champion) 중심의 공업화, ③ 정부주도형 개발체제 및 자원 배분의 통제, ④ 내외자 동원 극대화, ⑤ 선성장 후분배 등이었다. 당시 한국 정부가 가장 먼저 결정한 것은 수입대체산업의 육성이었다. 해외직접투자(FDI)를 유치하여 산업을 개발하고 고용 확대를 추진하는 것이 아니라 수입대체산업을 육성하여 산업화의 길을 가겠다는 선택을 한 것이었다.[25] 이것은 어떤 의미에서 매우 이례적이라 할 수 있는데, 수입대체산업을 육성하려면 자본투자가 필요하나 당시로서 국내에 축적된 투자재원이 있을 리 없었다. 투자재원을 확보하기 위해서 정부는 국내적으로 저축을 장려하고 대외적으로 수출을 장려함으로써 외화를 벌어들여 투자재원을 확보하고자 하였다.[26] 그리고 해외 차관을 도입하여 부

25 개발 초기에 미국 정부의 의뢰로 외국 컨설팅회사의 평가분석 결과 한국은 농업기반 발전을 추구해야 한다고 권고하였는데, 그와 정반대 방향으로 결정한 것이었다. 다른 한편으로 직접투자를 일부 유치하려는 노력이 있었으나 당시 남북 긴장관계 등으로 감당하기 어려운 유치조건을 내걸어 성사되기 어려웠던 측면도 있었다.

26 제3공화국 초기에 한일협정 체결에 따라 대일청구권자금(3억 달러)을 확보하였는데, 이것은 중요한 투자재원이 되었다. 특히, 이 중 일부는 나중에 포항제철 건설에 사용되었다.

족한 투자재원으로 삼았다. 결국은 해외 차관이 매우 중요한 투자재원이 되었는데 해외 차관이 늘어나 부작용과 비판이 있었음에도 산업화가 성공적으로 진행되면서 수입대체산업은 한국 산업의 중추로서 자리를 잡게 되고, 한국 경제는 그 속에서 지속 가능성을 확보하게 된다.

1960~1970년대는 한국 산업혁명의 전 단계에 해당한다. 이 시기는 정부의 의지대로 개발정책이 추진되면서 시장 기능에 따른 자원 배분 메커니즘은 제한적으로 작동하던 시기였다. 물론 '관치경제'에 따른 사회적 비용이 만만하지 않았다.[27]

(1) 수입대체산업 육성

정부는 수출전략산업 육성에 중점을 두고 수출 드라이브 정책을 펴나간다. 정부는 대기업 육성을 중심으로 한 산업화 전략을 채택하고, 경제기획원이 경제개발의 '사령탑'이었다면 상공부는 수출 전선에서 수출 확대를 위한 모든 정책 수단을 마련하여 수출 목표 달성에 매진하였다. 정부는 수출 확대를 위해 1962년에 대한무역진흥공사를 설립하고 '수출진흥위원회'를 설치하였으며, 1965년에는 대통령이 주재하는 '수출진흥확대회의'를 시작하였다. 정부는 수출 확대를 위해 수출특화

27 당시 기업들은 투자자금을 조달하기 위해 사채시장에서 돈을 끌어다 썼는데, 높은 이자를 감당하지 못해 줄줄이 도산 위기에 몰렸다. 이에 정부는 1972년 8월 3일 '경제안정과 성장에 관한 긴급명령'을 선포하였다. 8·3 긴급조치의 주요 내용은 기업과 사채권자의 모든 채권·채무 관계를 1972년 8월 3일 현재로 무효화하고 새로운 계약으로 대체한다는 것이었다. 동년 8월 3일부터 9일까지 7일간 신고된 사채는 3,456억 원에 달하였다. 이는 당시 통화량의 80%, 국내 여신 잔액의 34%에 해당하는 금액이었다(경제기획원, 1982).

산업을 선정·육성, 수출산업공업단지 건설, 세제 지원 및 수출보상제도, 수출금융 지원, 외환·무역제도 개선, 해외 시장 개척 등 다양한 수출진흥 시책을 펴나간다. 1차 계획 기간 동안에 육성한 신규 산업개발은 다음과 같다.[28]

- 비스코스 인조견사, 아크릴사, 폴리에스터사, 나일론사 등 화학섬유
- 정유공장 건설
- 제3, 4, 5 비료공장 건설
- 소다회, 산화티탄, 가성소다, PVC 등 중간재 산업
- 시멘트공업의 확장 등

정부는 수출산업 육성을 위해 수출산업단지 개발사업을 추진한다. 당시 사회기반시설이 매우 부족한 상태였기 때문에, 공업용수, 전력 등을 포함한 인프라가 잘 갖추어진 산업단지는 수출기업에게 좋은 여건을 제공하였다. 이의 제도적 기반으로서 1962년 1월 정부는 「공업지구조성을 위한 토지수용특례법」, 「도시계획법」을 제정하였다. 이어서 1964년 9월 제정된 「수출산업공업단지개발조성법」에 의거 서울에 1~3단지를 조성하고, 인천에 4단지, 부천에 5~6단지, 그리고 구미와 이리(지금의 익

28 경제기획원(1982).

산)에 수출산업공업단지를 조성하였다. 1960~1970년대의 산업단지 조성은 경공업과 중공업 육성을 위한 공업단지로 기획되고 집행되었다. 1960년대에는 서울, 부산 등 전통적 대도시를 기반으로 공업지역이 편성되었고, 국가에 의한 전략적 공업단지들은 수도권 지역에 밀집되었다. 이러한 공업시설의 수도권 및 대도시 밀집을 해소하기 위해 1960년대 후반부터 1970년대까지의 경제개발계획에서는 공업단지의 지방분산 및 신규 단지의 지방 건설을 추진하였다. 그로 인해 창원, 포항, 울산, 전남, 구미, 반월 등 각 지역을 중심으로 한국 산업이 전국적으로 확산하는 결과를 가져왔다. 수출기업을 입주시키기 위한 산업단지를 건설하고, 새로운 공장들을 가동하면서 필요한 노동력 공급을 위해 농촌에서 도시로 '인력의 대이동'이 시작하였다.

한편으로 수출장려 차원에서 정부는 1975년에 상공부 고시 10607호 「종합무역상사지정제도에 관한 건」에 따라 총 13개 사를 종합무역상사로 지정하였다.[29] 이러한 종합무역상사는 일본의 종합상사제도를 벤치마킹하여 도입한 것으로, 대규모의 자본력을 가진 무역업자로서 무역거래 이외에 자원개발, 현지 생산 판매, 합작투자, 첨단기술 연구개발 등을 수행하는 대형 무역상사를 의미한다.[30] 종합무역상사는 처음부터 수출 진흥을 목적으로 설립하였기에 특정 기업 제품만이 아닌 각

29 김동규(2004).

30 종합무역상사는 2009년 대외무역법의 개정으로 이 제도는 폐지되었고, '전문무역상사'로 변경되었다(한국무역협회, https://www.kita.net/).

기업의 각종 제품을 차별 없이 취급해 수출하는 것이 주요 사업이었다. 아울러 중소기업 원재료 매입이나 시장 개척, 방대한 정보망을 활용한 투자기획 등의 업무도 함께 취급하였다. 김동규는 1970년대는 정부가 수출 드라이브 정책을 펼쳤던 시대로서 당시 한국 수출의 선봉에는 종합무역상사가 있었으며, 짧은 역사에도 불구하고 정부의 각종 지원과 유리한 대내외 여건에 힘입어 비약적인 성장을 이룩하였고 무엇보다도 한국의 수출 증대에 견인차 역할을 했다고 평가하였다.[31]

1970년대 주요 수출상품을 보면 의류, 선박해양구조물 및 부품, 신발, 목재류, 어류, 음향기기, 반도체, 철강판, 레일 및 철구조물, 기타 섬유제품 등이다. 이러한 제품들에 대해서 경제개발 초기에 국내 산업 수준이 낮아 외국에서 자본설비를 도입하여 공장을 짓고 생산하였으며, 대체로 노동집약적인 제품이 주류를 이루었다. 대부분의 공산품은 OEM 방식으로 생산·수출되었다.[32] 수출 드라이브 정책은 우호적인 세계 경제 환경과 맞물려 성공적으로 추진할 수 있었고 이 과정에서 세계 시장에 진출하게 된 한국의 대기업은 해외 시장에서 소비자, 경쟁기업, 수요기업 등과 상호 작용하는 과정에서 선진국으로부터 기술도입, 경영 기법, 마케팅 기법 등에 대해 빠른 학습을 통해 성장하였다. 정부의 강력한 지원 정책도 있었지만, 수출 전선에서 경영진과 말단사원에 이

31 김동규(2004).

32 OEM 방식은 값싼 노동력에 의존하여 비교우위를 가질 수 있었고, 이를 통해 한국 기업은 당시로서는 선진적인 생산방식과 경영방식을 배우는 계기가 되었다.

르기까지 혼연일체가 되어 시장 개척에 매진하였다.

1960~1970년대 산업정책에서는 정부가 전략산업의 선택과 개발을 직접적으로 주도하였다는 특징이 드러난다. 실제로 정부는 산업 부문별 생산공장 건설, 생산량에서 계량적 목표 제시, 공업단지의 조성과 배분 등 각 산업이 정착하는 여러 과정에 직접 개입하였다. 1960년대에는 섬유, 신발, 피혁 등 주로 경공업 중심의 수출주도형 전략산업을 육성하였고, 1970년대에는 이와 함께 금속, 기계, 화학공업 등을 중점 육성하였다. 대외적으로 한국은 경제성장에 유리한 환경에 있었다. 당시 한국은 빈곤한 후진국이었기에 경제정책에서 국내 산업에 대한 보호적 수단들을 채택하기 쉬웠고, 또 미국, 일본과 같은 선진국에서 사양화되어 가는 산업을 이전받기에도 유리한 점이 있었다.

수출 드라이브 정책에 힘입어 경제개발 원년인 1962년 5,500만 달러 수준에 불과하던 수출이 1964년 1억 달러를 넘어서고, 1971년에 10억 달러, 1977년에 100억 달러를 넘어선다.

(2) 중화학공업 육성

1970년대에 들어서자, 정부는 국가 경제의 주력 산업기반을 중화학공업 중심으로 전환하는 산업정책을 추진하였다. 박정희 대통령은 1973년 연두기자회견에서 '중화학공업화'를 선언하였다. 대통령은 철강, 비철금속, 기계, 조선, 전자 및 화학 등을 6대 기간산업으로 선정하고 중화학공업 중심의 산업화를 통해 1980년대 초에 100억 달러의 수출 목표를 달성하겠다는 정책 목표를 제시하였다. 이에 따라 1970년대 후반에 들어서면서 중화학공업에 본격적인 투자가 이루어졌다.

정부는 중화학공업 육성을 위해 「개별산업육성법」을 제정하여 직간접적인 지원을 강화하고, '중화학공업추진위원회'를 설치하였다. 그리고 내국세와 관세 감면, 정책금융 지원, 수입규제에 의한 국내 판매가격 보조, 기타 행정지원 등 가능한 방법을 총동원하였다. 중화학공업 육성이 국정 최우선 과제로 설정되자 1973년 정부는 「산업기지개발촉진법」을 제정·공포하였고, 산업기지개발공사를 1974년 2월에 설립하여 1970년대 지역별로 업종별 전문산업단지를 건설한다. 예를 들어, 화학공업은 울산·여수, 경공업 수출자유지역은 비인·군산, 철강은 포항·낙동강 하류, 전자공업은 구미, 조선공업은 부산·울산·거제, 중화학공업 수출자유지역은 온산 등이었다. 그리고 1973년 외국인 전용공단으로 마산에 자유무역 지역을 조성하여 일본 기업을 유치하였다. 1974년에는 중화학공업단지 조성과 함께 기계류 생산 공장을 유치하여 기계공업을 집중적으로 육성하기 위하여 창원기계공업단지 건설에 착수하였다.

한국의 대기업들은 1960년대의 성공을 바탕으로 1970년대에 시작한 중화학공업 투자의 주축이 되었다. 이들 기업은 각자의 산업 부문에서 선도적인 역할을 하였고 세계 시장에서 경쟁력을 갖추어 가면서 산업화 과정에서 리더군이 되어 한국의 산업혁명을 이끌어 갔다. 이 시기에 대표적인 기업으로 등장한 것들이 삼성, 현대, LG, 한진, 대우,

SK, 두산(현재 명칭) 등이었다. 삼성은 섬유, 제당 등에서 시작하여 전자로 사업을 확장하였다. 건설에서 시작한 현대는 자동차, 조선으로 기업 영역을 확장하고, LG는 전자와 화학 분야에서, 한진은 운수 분야에서, 대우는 무역업에 두각을 나타낸다. 중화학공업 육성 초기에 포항제철, 삼성전자, 현대자동차 등은 주로 일본과의 협력을 통해 기술을 받아들였고, 현대조선의 경우 영국과의 협력을 통해 기술을 전수받았다. 1960~1970년대에 이들 기업은 정부의 지원도 컸지만, 월남특수(1964~1973), 중동 진출 등의 대외 호재에 편승하여 성장할 수 있었다. 초기에는 이들 기업은 경공업, 노동집약적 산업에서 출발한 경우가 많았으나 정부의 중화학공업 육성에 참여하면서 사세를 키워 나간다.

'중후장대'의 특징을 가진 중화학공업은 규모의 경제가 작용하는 분야로서 국내 시장 규모에 비해 더 큰 규모의 투자가 요구되어 수출시장 확보는 불가피하였다. 그러나 중화학공업 제품은 가격뿐만 아니라 제품의 질, 기술 수준 등이 경쟁력을 결정하는 중요한 요인이다. 기술축적이 이루어지지 않고 해외 시장 마케팅에도 미비하였던 당시 국내제품의 해외 수요가 크지 않았을뿐더러 중화학공업의 수출산업화에는 적지 않은 문제가 발생하였고, 막대한 외자 도입이 외채 누적으로 이어져 국민 경제에 큰 부담으로 작용하였다. 어쨌든 1960~1970년대 한국은 대외지향적 발전전략에 따라 수출이 성장하고 수입대체를 효율적으로 이룰 수 있었다. 그뿐만 아니라 수입대체에 의한 중화학공업 투자는 한국 산업구조 고도화의 기반을 구축하였다고 볼 수 있다. 그러나 정부의 강력한 시장개입은 경제개발 과정에 사회적 비용을 초래하였는데, 1969~1971년 기간에 있었던 1차 부실기업 정리, 1972년에 있었던 8.3 긴급조치, 그 후에도 2차, 3차에 걸친 부실기업 정리가 있었다.

1960년 한국의 GDP는 경상가격 기준으로 2,499억 원에서 1979년 3조 2,402억 원으로 늘어나고, 일인당 GDP는 동 기간 79달러에서 1,723달러로 증가하였다. 동 기간 연평균 경제성장률은 10%를 상회하였다. 그리고 총수출액은 1960년 약 3,300만 달러에서 1979년 151억 달러로 확대되었다.

(3) 기술 획득 및 학습

일반적으로 개발도상국의 기술 획득은 무역, 해외직접투자(FDI), 라이선싱, 해외 유학 및 연수, 디아스포라(Diaspora), 모방 및 역엔지니어링, R&D 등을 통해서 이루어진다.[33] 한국의 경우 초기 기술 획득의 주요 통로는 무역, 해외 연수, 모방 및 역엔지니어링 등이었다.[34] 개발 도상에 있는 국가는 기술의 축적과 연구개발 활동의 기반이 취약하기 때문에 산업화 초기에는 외국의 선진기술을 도입하고 이것을 소화·개량 활용하는 방식을 우선하여 채택할 수밖에 없었다. 당시 대부분의 혁신은 산업을 기반으로 일어나기 때문에 첨단기술보다는 기존에 활용하고 있는 기술을 받아들이고 소화하는 것이 중요하였다. 1960~1970년대 산업화

33 Dahlman(2009).
34 Kim(1997).

초기에 한국의 산업은 저렴한 노동력을 활용하여 외국에서 부품과 설비를 도입하고 단순 조립·가공하여 수출하는 것에 중점을 두었다. 따라서 필요기술은 공장 가동, 설계해석 등이 주류를 이루었다. 그러한 필요기술은 대부분 부품, 자본재 및 설비재 수입과 함께 해외로부터 도입하거나 턴키베이스로 이전받았다. 기술이전의 주요 경로는 선진국 또는 국제기구의 기술원조가 주를 이루었다. 그리고 도입된 선진기술을 소화하고 단순 모방하는 데 주력하였다.

한국의 기술도입은 1960년대 외자 도입 관련 법령의 제정, 시행과 더불어 시작하였다. 정부는 1960년 「외자도입법」을 제정하였고, 1962년 장기결제 방식에 의한 「자본재 도입에 관한 특별조치법」을 제정하여 외국 자본 및 기술의 국내 도입을 촉진하였다. 1962~1979년까지 총기술 도입 건수는 1,467건이었으며, 기술도입에 따른 대가 지급액은 3억 5,000만 달러였다. 1970년대 중화학공업의 육성 시기에는 기술 라이선스 협정, 외국인 직접투자 등의 공식적인 경로를 통하여 자본재의 도입 증대와 함께 기술도입이 본격화하였다. 중화학공업 육성정책의 추진으로 기술 수요가 급증하자, 정부는 1972년 「기술개발촉진법」을 제정해 기술개발을 지원하고자 하였다. 1978년에는 기술도입의 자유화를 목적으로 「외자도입법」 시행령을 개정하여 기술도입 계약에 있어 일정 요건을 갖추면 자동 혹은 준(準)자동으로 인가하도록 하였다. 「외자도입법 시행령」 개정령에서 기술도입 자유화 조치로 기계, 조선, 전자, 전기, 금속, 화학, 섬유공업을 대상으로 기술도입 규제를 완화하였다. 동년 4

월에는 제1단계 '기술도입 자유화 조치'를 단행하였고 단계별로 자유화 정책을 추진해 나갔다.

한국의 대기업은 1960년대, 1970년대 기술 문제에 관해서는 선진국으로부터의 기술이전에 전적으로 의존하였다. 초기에는 주로 해외 연수를 통해 필요한 지식을 흡수하였다. 해외 연수팀을 선진국 기업에 파견하여 연수 과정을 통해 기술 지식을 배웠고, 이들이 귀국하여 소속 기업에서 핵심 기술 인력으로서 역할을 하였다. 이러한 형태의 학습은 철강, 중공업, 자동차, 반도체 등 여러 분야에서 후발기업으로 불리한 위치에 있던 기업들이 답습한 것이다. 이들 기업의 성공은 초기에 기술 지식을 이전받기 위해 노력한 구성원들의 학습 능력에 의존하였고 기술도입 과정에서 한국 기업의 학습이 빨랐다는 점을 지적할 수 있다. 산업화 과정에서 기술협력 파트너는 일본이 중심에 있었고 미국과 유럽에 일부 있었다. 초기의 중화학공업 출발 과정에서 일본과의 기술협력은 매우 중요하였다. 당시 일본은 한국 산업을 경쟁 상대로 생각하지 않았기 때문에 기술이전에 비교적 관대하였고, 일본은 지리적으로나 문화·언어적으로나 한국 기업들이 접근하기가 비교적 쉬웠다. 오늘날 한국 제조업이 일본의 엔지니어링을 많이 닮은 점도 이를 반영한다고 할 수 있다.[35] 한편, 기업들의 기술도입 과정에서 정부출연연구소의 역할은 기업이 선진국의 기술을 도입, 소화, 개량하는 데 도움을 주는 정

35 Daniel *et al.*(1990).

도에 그쳤다. 1960~1970년대에는 정부출연연구소도 연구기반을 구축해 나가는 과정에 있기 때문에 독자적으로 기업의 기술 문제를 해결하기에는 이른 시기였다고 볼 수 있다.

그리고 한국의 혁신시스템은 초창기부터 개방적이었다는 점을 지적할 수 있다. 즉, 혁신시스템의 영역이 국내 시장에 머무르지 않고 개발 초기부터 해외 시장으로 열려 있었다. 국내 축적된 자본이 없는 상태에서 산업화를 추진하기 위해서 수출로 벌어들이는 외환공급이 필요하였고, 이에 정부는 대외지향적인 발전전략을 추구하게 되었던 것이다. 또한 한국의 기업들은 해외 시장에서 힘든 경쟁을 해야 하였으나 생존할 수 있었고, 상호 작용 과정에서 학습효과를 거둘 수 있었다. 한국의 혁신시스템은 초기부터 외연을 넓히고 경쟁적인 세계 시장 환경에서 기업을 육성하였다.

4) 정부 역할과 사회문화적 특징

1960~1970년대의 성과를 논할 때, 대통령 또는 정부의 리더십을 자주 거론한다. 산업화 초기 단계에서 실제 대통령·정부의 리더십은 중요한 역할을 하였다. 경제·사회 시스템과 제도적 요건(framework condition)이 미비한 상황에서 합리적이고 효율적인 정책 추진이 어려웠던 당시 대통령의 의지와 리더십이 발휘되어 많은 난관을 넘을 수 있었던 것은 사실이다. '조국 근대화'를 내세우고 경제개발에 앞장서서 계획을 점검

하고 산업개발 현장을 지휘하였던 점, 수출 드라이브 정책를 추진하면서 '수출진흥확대회의'를 직접 주재하여 애로사항을 해결해 나간 점, 경부고속도로와 같은 사회간접자본을 조기에 건설한 점 등에서 당시 대통령은 '오케스트라 지휘자'로서 산업화를 이끌어 갔다. 이러한 리더십은 수출지향 산업개발에서 중요한 요소였다. 다른 한편, 과학기술기반을 구축하기 위해 KIST/KAIST 설립과 지원 등에서도 대통령의 관심과 의사결정이 중요하였다. 1960~1970년대 대통령의 리더십은 결국 정부의 과도한 개입을 불러왔고 경로 의존성을 보였다.

이 시기에 한국 사회는 경제적으로 피폐한 시기였지만 사회 구성원들의 교육열이라든지 '잘살아 보겠다'는 열망은 매우 컸다. 유교적 전통, 가부장적 사회의식 등을 배경으로 한국인은 배움에 대한 열정이 높았으며, 소속집단과의 관계 속에서 자아를 찾고 단결력이 강한 조직문화를 만들어 갔다. 이러한 조직문화는 직장을 가정과 동일시하고 헌신적인 노력으로 나타난다. 이런 점은 한국 기업이 외국의 기술을 학습하고 소화하여 기업을 일으키고 해외 진출에 성공한 중요한 배경이 되었다고 할 수 있다. 예로서 해외 선진기술을 배우기 위해 기술연수를 가면 하나의 팀이 혼연일체가 되어 선진기업의 기술을 배우기 위해 열정적으로 노력하였다.[36] 조직의 목표가 정해지면 이는 개인에게 내적인

36 예로서 포항제철은 교육훈련을 위해 신일본제철에 엔지니어들을 파견하였는데 신일본제철은 훈련에 소극적이었다. 포항제철 엔지니어들은 각자 하루 동안 보고 배운 것을 숙소에 돌아와 퍼즐을 맞추듯이 토론을 통해 일목요연하게 정리할 수 있었고, 이들은 귀국하여 포항제철의 각 부문에서 리더로서 활약하였다. 이러한 헌신적인 노력은 삼성의 반도체

유인으로 작용하여 목표 달성을 위한 강한 의지와 노력으로 나타나는 것이다. 조직이 기술확보 목표를 정하거나 수출 목표를 정하거나 이러한 점은 항상 유효하였다. 이러한 바탕에서 기업을 일으키고 발전시킨 기업가들의 리더십과 역할도 매우 중요하였다. 예를 들면, 박태준(포스코), 정주영·정세영(현대), 이병철(삼성), 김우중(대우) 등 한국의 기업가들은 산업을 일구고 세계 시장을 개척하는 데 전설적인 업적을 남겼는데, 1970년대는 한마디로 '기업가 영웅시대'라 할 만큼 각 분야에 뛰어난 기업가들이 많이 출현하였다. 이들의 업적은 지금도 젊은 기업가에게 많은 영감을 주고 있다.

이러한 요인들이 상승 작용을 하여 산업화를 향해 나아가면서 한국의 혁신시스템의 기본적인 틀이 만들어졌다. 혁신시스템의 발전은 산업 또는 과학기술 어느 한 부분의 성공적인 발전만으로 필요충분하게 만들어지지 않는다. 산업의 발전과 함께 지식시스템이 함께 발전해야 혁신시스템이 균형 있는 모습을 드러내게 되는데, 1960~1970년대 혁신이 주로 산업기반 형태로 이루어지던 시기에 지식시스템은 산업혁신의 보조적인 역할에 그쳤다.

개발, 현대자동차의 엔진 개발 등 수많은 사례에서도 쉽게 찾아볼 수 있다.

2. 확장기: 1980~1990년대

이 시기에 한국의 혁신시스템은 크게 확장되었을 뿐만 아니라 내실도 갖추어 나간다. 산업구조가 고도화하면서 산업국가로 발돋움하게 되고 과학기술 혁신에 대한 니즈가 확대되었다. 지식시스템도 확장되는데, 새로운 과학기술 분야를 담당하는 정부출연연구소를 추가로 설립하였고, 민간 기업연구소 설립이 대기업을 중심으로 활기를 띠었다. 이를 바탕으로 정부는 정부출연연구소를 전략적으로 활용할 수 있게 된다. 정부의 전략 R&D는 정부출연연구소가 주관하고 민간 기업의 참여로 추진되었다. 대표적으로 정보통신산업의 초석을 놓았던 전전자교환기(TDX) 개발과 후속적으로 초고속집적 DRAM 개발, 코드분할다중접속(CDMA) 시스템 상용화에 성공하였고, 1997년 초고속 정보통신망 구축 1단계 사업을 완료함으로써 정보통신산업이 국민 경제의 성장동력으로 등장하였다. 그 밖에도 한국형 표준원전, 우리별 1호 등이 성공적으로 개발되었고, 민간 기업으로서 LG생명과학은 제4세대 항생제인 팩티브(FACTIVE) 개발에 성공한다. 이러한 성과는 1960~1970년대의 산업화 초기에서 목격할 수 있던 '산업기반 혁신'에서 '과학기술기반 혁신'으로 혁신 패러다임이 전환하는 계기를 마련하였다.

성공적인 전략 R&D의 결과로 자신감에 찬 정부는 R&D 투자를 늘리고 이를 효율적으로 집행하기 위해 과학기술 포싸이트(foresight)를 도입하고 R&D 프로젝트의 대형화를 추구한다. 그리고 1990년대 말에는 대학 R&D에 대한 투자가 증가하면서 혁신시스템의 수준도 한층 높아졌다.

1) 지식시스템의 확대

(1) 정부출연(연) 시스템의 확대

1980년 국가보위비상대책위원회(국보위)는 사회 각 부문에서 강력한 구조조정을 진행하였는데 정부출연연구소도 예외가 될 수 없었다. 결국 정부 부처 간 업무 조정과 연구 능률의 향상을 위해 정부출연 연구기관의 중복 기능 조정 및 통합이 이루어졌다. 연구소들이 효율적으로 관리될 수 있도록 적정 규모로 통합하고, 연구 기능 이외의 시험, 검사, 검정 업무는 관련 기관에 이관되었다. 16개의 정부출연연구소를 8개의 대단위 연구소로 통합·조정하고 과학기술부가 총괄 관리하도록 하였다. 정부출연기관의 통폐합 조치에 대해서 논란이 많았으며, 특히 한국과학기술연구소(KIST)와 한국과학원(KAIS)의 한국과학기술원(KAIST)으로의 통합은 상당한 갈등을 유발하였다. 원래 의도는 연구기관과 교육기관의 능력을 상호 보완하여 시너지 효과를 얻고자 하였지만, 두 기관의 통합은 완전한 화학적 통합으로 이루어지지 못하였다. 결국 1989년 한국과학기술연구소(KIST)가 (설립 당시 상태로) 분리, 독립하게 된다.

한편, 대덕연구단지 조성사업은 1973년부터 시작하였으나 본격적으로 입주를 시작한 것은 1980년대이다. 여기에는 정부출연연구소뿐만 아니라 민간 기업연구소도 유치하였다. 그리고 1980년대 후반부터 국내 선두 기업들의 기술경쟁력 문제가 대두하면서 첨단기술과 원천기술 확보의 필요성이 커졌다. 이에 따라 전문화된 과학기술 영역의 연구기반이 필요해지면서 유전공학센터(1995년 생명공학연구소로 개편), 항공우주연구소, 생산기술연구원 등 정부출연연구소가 추가로 설립된다. 1980년대 중반 이후 정부출연연구소가 수적으로 증가하였지만 국가 전체의 연구개발 활동에서 차지하는 상대 비중은 감소하였다. 이는 1980년대 이후 민간 기업 및 대학의 연구개발 활동이 늘어남에 따라 나타난 결과이다. 1980~1990년대에 설립된 정부출연연구소는 다음과 같다.

- 1983 한국건설기술연구소(Korea Institute of Construction Technology, KICT)
- 1985 한국생명공학연구소(Korea Research Institute of Bioscience and Biotechnology, KRIBB)
- 1986 한국천문연구소(Korea Astronomy and Space Science Institute, KASI)
- 1988 한국기초과학지원연구소(Korea Basic Science Research Institute, KBSI)
- 1988 한국식품연구소(Korea Food Research Institute, KFRI)
- 1989 한국생산기술연구원(Korea Institute of Industrial Technology,

KITECH)

- 1989 한국항공우주연구소(Korea Aerospace Research Institute, KARI)
- 1994 한국철도기술연구소(Korea Railroad Research Institute, KRRI)
- 1994 한국한의학연구소(Korea Institute of Oriental Medicine, KIOM)

1990년대 정부출연 연구기관 숫자가 늘어나고 정부 예산투입이 늘어나면서 정부출연 연구기관의 역할과 위상을 쇄신하고 재정립하려는 시도가 있었다. 정부출연 연구기관을 각 부처에서 공동으로 활용할 수 있도록 하였고, 이공계 정부출연 연구기관의 기관운영 평가제도를 도입하였다. 이것은 정부출연연구소가 늘어나면서 예산투입이 증가하고 예산집행의 투명성과 효율성에 대한 요구가 커졌기 때문이다. 그리고 1990년대부터 정부출연 연구기관, 기업부설연구소, 대학이 기술공급에서 서로 경쟁하게 되었다. 기업의 산학협동이 꾸준히 증가하였다.

(2) 기업부설연구소 설립

1980년대 이후 산업구조가 기술집약적 구조로 전환하기 시작하면서 기업들은 자체적인 기술개발 전략을 추구해야 하는 환경의 변화가 있었다. 특히, 1980년대 자동차와 전자를 비롯한 일본 기업의 부상으로 자국 기업이 경쟁력을 잃게 되자 미국 등 선진국의 기술이전에 대한 통제가 심해졌다. 이러한 환경 변화에 대응하기 위해 국내 기업들은 자체적인 기술 역량을 갖추는 것이 필요하게 되었다. 이에 따라 대기업

| 그림 4-2 | 기업부설연구소 설립 추이

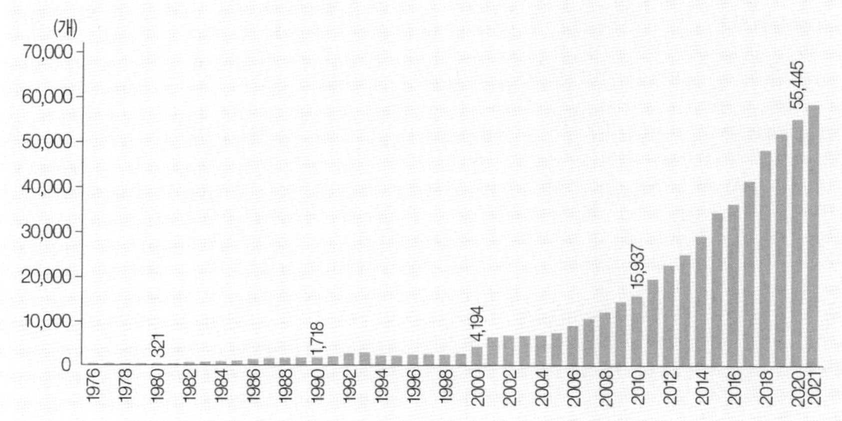

자료: 국가통계포털(https://kosis.kr/index/index.do).

을 중심으로 부설연구소 설립이 활기를 띠기 시작한다. 기업부설연구소 설립은 외부로부터 기술을 이전받을 경우 기술수용 능력과 자체 기술개발 능력 확보에 중요하다. 대기업은 자체적인 연구소를 만들고 기업 내(in-house) R&D 역량을 키워 나간다. 예로서 1980년대 후반에 지금의 LG 중앙연구소(당시 금성사 중앙연구소), 삼성종합기술원(당시 삼성전자 중앙연구소) 등이 설립된다. 기술개발지원제도의 확충도 이어져 금융기관, 벤처캐피탈, 재정자금, 국가연구개발사업 등을 통한 금융 지원과 세제 지원이 이루어졌다. 또한 기술개발 인력 양성을 지원하기 위하여 1981년 연구 인력에 대한 병역특례제도를 도입하였다.

기업부설연구소는 초기에 대기업을 중심으로 설립되었으나, 1990년대 후반에 벤처 붐이 일어나면서 중소기업의 부설연구소 설립이 증가한다. 1980년 기업부설연구소는 321개에 불과하였으나 1986년에 1,000개를 넘어서고, 벤처 붐에 따라 중소벤처기업연구소 설립이 확대되어 1999년에 2,605개, 2000년에 4,194개(2021년 58,777개)로 늘어났다. 이에 따라 민간 부문의 기술 역량이 높아졌다. 민간 연구개발 투자는 경상가격 기준으로 1980년 약 1,400억 원, 1990년 2조 7,000억 원, 1999년 8조 7,000억 원으로 증가하였다. 1980년대 초 민간 연구개발 투자가 정부의 연구개발 투자를 앞서면서 정부 주도에서 민간 주도의 연구개발 시대로 들어섰다.

(3) 대학시스템의 발전과 대학 R&D 역량 제고

1980년대 고등교육 정책에서 큰 변화가 있었는데, 초반에 고등교육의 대중화를 지향하였다면, 후반에는 수월성과 특성화를 추구하였다.[37] 1985년 대통령 직속 기구로 설치한 '교육개혁심의회'는 대학(원)의 기초과학 연구체제를 확충하고 대학교육의 수월성을 추구하기 위해 대학을 특성화하고 대학원 중심 대학을 선별 육성한다는 계획을 세웠다. 이공계 대학원의 질적 향상을 위해 정부는 정부재정과 교육차관 등을 확보하고 교수 확보, 시설장비의 보강, 연구비 지원 확대를 추진

37 1980년 7월 30일 국보위는 '교육정상화 및 과열과외 해소방안' 조치를 발표하여 대학교육정책을 근본적으로 바꾸어 놓았다. 이른바 '7·30 교육개혁조치'라 불리는 이 조치로 각 대학은 졸업정원제, 대학 정원 증원, 전일제 수업, 과외수업 금지 등 학사 교육을 엄정하게 관리하고 학생 수를 크게 늘렸다. 이 조치는 기존 고등교육 체제를 엘리트 교육에서 대중 교육으로 전환하는 계기가 되었다.

하였다. 또한 이공계 대학원생들을 위한 병역특례의 확대, 한국과학재단과 한국학술진흥재단 등을 통한 대학원생 장학금 및 연구비 지급 등을 시행하였다. 이러한 정부의 지원에 힘입어서 이공계 대학원 교육은 1970년대와 비교해 볼 때 질적으로 성장하였다.[38] 1977년 과학기술처는 대학과 연구기관의 기초연구 지원을 위해 한국과학재단을 설립하였다. 그러나 1980년대 초까지 한국과학재단의 대학에 대한 연구비 지원액은 미흡한 수준이었다. 1983년 한국과학재단이 '목적기초연구사업'을 추진하면서 비로소 재단의 연구비 지원 규모가 증가하였다.[39]

1990년대 들어서 정부는 인력 수요구조의 변화 추세에 맞추어 이공계 대학원 교육을 강화하기 위한 정책을 추진하였다. 그 결과 이공계 대학원은 적어도 양적으로는 상당 수준 신장하였다. 『교육통계연보』에 따르면, 1990년 298개 대학원에 재적학생 수는 약 8만 7,000명이던 것이 2000년에 829개 대학원에 재학생 수 22만 9,000명으로 증가하였다. 불과 10년 만에 그 규모가 3배 가까이 성장하였다. 박사학위자 수는 1990년 2,747명에서 2000년 6,558명으로 증가하였다. 한편, 1995년 교육개혁안에서 '대학원중심대학'에 관한 논의가 BK21사업을 통해 '연구중심대학론'으로 발전하면서 교육부 정책의 중심으로 떠오르게 된다.

38 오진곤(1999).

39 1980년대 초부터 정부는 과학기술의 발전과 산업기술의 고도화를 위해 연구비를 직접 지원하는 최초의 국가연구개발사업인 '특정연구개발사업'을 추진하였다. 이 사업에는 1982년부터 1991년까지 정부 5,730억 원, 민간 3,912억 원 등 총 9,642억 원이 투입되어 5,415건의 연구과제가 수행되었다(과학기술부, 2008).

한편, 정부가 대학연구 지원을 늘리면서 서울대학교는 1980년대 후반 산학협력을 위한 공동연구소를 여러 개 설립하였다. 이는 이전의 연구조직과는 매우 달랐는데, 대개 대학 부설연구소는 단과대학이나 학문 분야의 필요에 따라 설립하였으나, 공동연구소는 국가기관, 공익단체, 민간 기업이 설립을 요청하고 지원을 보장할 때 설치할 수 있었다. 이 같은 성격의 연구소가 1990년대 중반 이후 여러 대학으로 확산하여 설립되었다.

이 시기에 대학의 연구 능력을 육성하기 위해 정부가 추진한 대표적인 정책을 보면, 우수연구센터육성사업(Science/Engineering Research Center, SRC/ERC), 대학부설연구소사업, 지역협력연구센터육성사업, 이공계대학연구소 기자재첨단화지원사업 등이 있다. 1999년에는 1단계 BK21사업이 시작되었다. 대학의 연구 역량이 늘어나면서 기업과 협력도 증가하기 시작하였다.

2) 정부의 전략과 대형 R&D 사업 추진

(1) 정부의 과학기술 발전전략

1980년대 정부는 기술 드라이브 정책을 추진하면서 국가연구개발체제를 재정비하였다. 핵심 전략기술 개발을 위한 국가연구개발사업이 출범하였고, 고급 과학기술 인력을 양성하기 위한 국가적 차원의 기반을 구축하였다. 기술 드라이브 정책을 뒷받침하기 위해 '기술진흥확대회의'를 설치하고, 이를 통해 1982년부터 1987년까지 총 12회 동안 27개의 정책과제를 다루었다. 이어서 1986년 과학기술처는 장기계획을 수립하여 과학기술 인력, 투자 등 과학기술 자원을 기술개발 과제의 우선순위에 따라 투입하기로 한다. 민간 부문의 기술개발이 복잡다기해짐에 따라 상공부, 체신부 등이 기술행정 체계에 본격적으로 개입하게 된다. 특히, 1994년 정부는 체신부를 확대 개편하여 정보통신부를 설립한다. 1980년대 중반 이후 정부출연 연구기관이 신설 혹은 개편되면서 소관 부처도 변경되었다.

국가연구개발사업을 목적 지향적으로 개편하는 동시에 투자 규모를 지속적으로 증대함에 따라 정부의 연구개발 예산이 증가하였다. 이에 맞추어 정부의 과학기술 거버넌스도 함께 변화하였다. 정부의 연구개발 예산이 증가하고, 여러 부처가 다양한 형태로 연구개발사업을 추진하면서 중복 과잉 투자를 피하고 예산집행의 효율성을 높이기 위해 과학기술정책을 종합조정할 필요성이 커졌다. 1998년 정부는 과학기술처를 과학기술부로 승격시킨 데 이어 1999년에는 과학기술정책의 최고의사결정기구로서 국가과학기술위원회가 발족하였다. 노무현 정부(2003~2008)는 과학기술부 장관을 부총리로 승격하고 과학기술부 내에 혁신본부를 두어 연구개발사업의 종합조정권을 부여하였다. 하위 거버넌스에 연구개발사업 전문관리기관을 설립하여 체계적인 과제 선정과 관리를 수행할 수 있는 토대를 구축하였고, 국가연구개발사업의 조사·분석·평가와 함께 종합조정 활동을 시작하였다. 이러한 제도를 통해 국가 연구개발 예산을 더욱 합리적·효율적으로 집행할 수 있는 기반을 구축하였다.

1990년대에는 기술혁신 체제가 국가 주도에서 민간 주도로 전환되기 시작한다. 이에 따라 정부 주도의 기술개발 정책에서 탈피하여 민간 부문 주도로 기술개발 활동을 수행할 수 있는 환경 조성이 주요 의제로 등장하였다. 정부 정책도 민간 기업의 기술혁신 역량 강화, 기술개발 지원제도 선진화 등을 강조하게 되었다. 한편, 외국에 의존하는 모방전략에서 벗어나 새로운 기술을 개발하는 혁신전략으로 전환하게 된다. 이러한 흐름 속에서 전략성을 갖춘 중장기 국가연구개발사업들을 본격적으로 추진하기 시작하였다. 가장 대표적 사업이 '선도기술개발사업'(일명 G7프로젝트)인데, 부처별로 다양하게 추진된 연구개발 사업을 범부처적으로 재조정하여 특정 분야를 중심으로 '선택과 집중'을 추구하려는 정책 의도가 있었다. 이로써 과학기술정책을 종합적·체계적으로 추진할 수 있는 범부처적인 과학기술종합계획이 수립되었다. 이것은 400여 명에 달하는 여러 이해관계자가 참여하여 기획한 최초의 정부 연구개발사업이었다.[40] 정부의 포싸이트 활동 전개, 전략적

40 간단히 말해서, 과학기술 포싸이트(S&T Foresight)란 여러 이해관계자의 참여 속에 기획(planning by interacting)하는 것이라 정의할 수 있는데, 많은 전문가가 참여함으로써 사업의 투명성을 높일 수 있다. 왜냐하면 대형 사업은 과제 선정, 예산배분 등에서 매우 복잡한 과정을 거치기 때문이다. 그리고 많은 예산이 소요되기 때문에 사업의 기획에서 집행, 결과 평가에 이르기까지 투명성이 요구된다. 한편, 1994년 한국에서 최초로 델파이 기법을 이용한 대규모의 국가 차원의 기술예측이 수행되고 발표되었다(신태영 외, 1994). 여기에 5,000명 이상의 전문가가 참여하였고, 기술예측 과제는 1,000개가 넘었다. 그 밖에 정부는 2002년 새로운 과학기술 포싸이트를 시도하였다. 과학기술 혁신본부는 종합조정의

| 표 4-2 | 부처별 연구관리기관(1999년 현재)

부처	연구관리기관	분야	R&D 프로그램 시작 연도
과학기술처(MOST)	한국과학기술평가원(KISTEP) 한국과학재단(KOSEF)	전 분야	1982
산업자원부(MOCIE)	산업기술평가원(ITEP)	목적 기초 분야	1987
정보통신부(MIC)	정보통신기획평가원(IITP)	정보통신	1991
건설교통부(MIC)	한국건설기술연구원(KICT)	건설	1995
보건복지부(MOHW)	보건사회연구원(KIHM)	의료	1995
농림부(MAF)	농림수산기술기획평가원(ARPC)	농림수산식품	1995
환경부(MOEn)	환경산업기술원(NIER)	환경	1992
교육부(MOEd)	한국연구재단(KRF)	학술연구	1996

자료: 신태영(1999).

연구개발사업 수립, 정부의 과학기술에 대한 인식 등에 힘입어 정부 부문의 연구개발 투자도 빠르게 증가하였다. 정부 연구개발 예산은 1982년 2,304억 원에서 1993년 1조 원을 넘어서고 1999년에 3조 원을 웃돌았다.[41]

1990년대에 이르러 대부분의 경제부처가 기술정책에 더욱 관심을 두게 된다. 예로서 산업부는 전통적인 무역정책에서 탈피하여 산업기술정책으로 정책기조를 전환하였다. 그 밖에 건설교통부, 정보통신부, 보건복지부, 농림부, 환경부, 교육부 등도 산하에 연구관리기관을 두고

준거를 마련하기 위해 2002년에 「국가 R&D 사업 Total Roadmap(2008~2012)」을 작성하였다. 정부는 모든 부처에서 추진하는 R&D 프로젝트가 로드맵의 내용과 합치 여부에 따라 사업조정을 추진하였다. 이러한 포싸이트 활동은 구조화된 정보를 제공하고 합리적인 의사결정을 도와주는 것이다.

41 연구개발 예산은 2008년에 10조 원, 2019년에 20조 원, 2023년에 30조 원을 상회하게 된다.

기술정책에 역점을 두기 시작하였다(〈표 4-2〉 참조).

마지막으로, 1994년 출범한 정보통신부는 초고속정보통신망 구축 사업을 추진하여 1997년 1단계 사업을 완료하여 이듬해부터 서비스를 개시한다. 이로써 경제·사회의 각 부문에서 정보화가 추진되기 시작한다. 이러한 추세는 2000년대로 넘어가면서 본격화한다.

(2) 전략 R&D 사업

1980년대 이후 정부출연연구소의 역량이 갖추어지면서 국산전전자교환기(TDX), 한국형표준원자로, 초고속집적반도체, CDMA 시스템 상용화 등 대형 R&D 프로젝트를 추진하였다. 이러한 대형 프로젝트들이 성공적인 결과를 가져오면서 기술혁신 패러다임이 바뀐다. 1980년대 초부터 추진된 대형 R&D 프로젝트는 뚜렷한 목표 설정과 함께 추진 방식에서 기업을 참여시켰다는 점을 지적할 수 있다. 1980년대 시작한 정부출연연구소의 주요 프로젝트는 다음과 같다.[42]

- 1982~1991 국산 전전자교환기(TDX)
- 1983~1996 한국형표준원자로(KSNP)
- 1986~1993 초고속집적 DRAM 반도체
- 1989~1992 우리별 1호

42 민간 부문에서 LG생명과학은 퀴놀론계 항생제 FACTIVE 개발(1991~2003)에 성공하여 미국 FDA 승인을 받았다.

• 1989~1996 CDMA 시스템

이 중에서 특히 TDX, 초고속집적 DRAM, CDMA로 이어지는 성과는 한국이 IT 강국으로 등장하는 데 커다란 기여를 하였다. 다음에서 TDX, 초고속집적 DRAM 개발, CDMA 시스템 개발에 대해 다음에서 좀 더 자세히 알아보기로 한다.[43]

① 국산 전전자교환기(TDX) 개발: 1982~1991년

가) 배경 및 목적 전자산업을 기간산업으로 삼는다는 『제4차 경제개발5개년계획』에 따라 시분할 전전자교환기(Time Division Exchange, TDX) 개발의 필요성이 부상하였으며 1976년 2월 경제장관간 담회에서 시분할 전전자교환기의 국내 개발을 최종적으로 결정한 상태였다. 그리고 1970년대 고도 경제성장에 따른 전화 수요 폭증 및 적체 악화, 사회기반시설로서 전화 회선 및 통화망의 안정적 확보가 필요하였다.

TDX 개발 목표는 만성적인 전화적체를 해소하고, 통신망 운영기술 자립화를 실현하기 위한 전자교환기를 개발하는 데 있었다.

나) 개발참여자 및 개발비 ETRI(주관기관), 삼성반도체통신, 금성반도체, 동양전자통신, 대우통신, 동아전기(이상 참여기관) 등 총 6

43 ETRI(https://www.etri.re.kr/45th/sub05.html) 참조.

개 기관이 참여하였고, 개발비는 1,076억 원이 소요되었다.

정부는 도입기종 선정, 개발제품의 공급 결정 등 정책 결정, 연구소(ETRI)는 기술개발 주도, 기술전수, 기술지원, 시스템 시험평가 등을 맡았다. 기업은 기술도입, 제품생산, 분담개발(TDX-1B), 공동개발(TDX-10)을 추진하였다. KT는 사용자 요구조건 제시, 품질관리, 실용실험, 상용시험, 사용자로서의 사업총괄을 담당하였다.

다) 개발 및 기술이전 과정 전전자교환기(TDX) 개발은 두 단계로 이루어졌다. 『제5차 경제개발5개년계획』에서 농어촌 공급용 소용량 TDX 개발을 확정하여 1986년에 개발에 성공하였고, 동년 『제6차 경제개발5개년계획』에서 대용량 TDX 개발을 확정하고 1991년에 개발에 성공하였다. 1981년 전전자교환기 개발을 결정하고 1982년에 개발에 들어가 1986년 TDX-1(농어촌용 전전자교환기) 개발을 완료하였다. 그 후 성능개선이 이루어져 1987년 TDX-1A 1만 회선 용량이 개발 완료되었고, 1989년 TDX-1B 2만 회선 용량 개발, 그리고 1991년 TDX-10 10만 회선 용량이 개발 완료됨으로써 TDX 사업이 종료되었다.

- 1981 TDX 개발 결정(『제5차 경제개발5개년계획』)
- 1982 RDX 개발 시작
- 1986 TDX-1 개발 완료
- 1986 TDX-10 개발 확정(『제6차 경제개발5개년계획』)
- 1987 TDX-1A 1만 회선 용량 개발 완료

- 1989 TDX-1B 2만 회선 용량 개발 완료
- 1991 TDX-10 10만 회선 용량 개발 완료
- 1992 500만 회선 개통
- 1998 TDX 계열 교환기는 1,000만 회선 이상으로 확대되어 전체 가입시설 중 약 43% 차지

1981년에 한국전자통신연구소(ETRI)는 1982년부터 5년간 연인원 1,300명과 총 240억 원의 연구비 투입을 골자로 하는 시분할 교환기 개발 계획안을 제출하였다. 1981년 10월 20일 TDX 개발계획을 정부 정책으로 최종 확정하였다. 이렇게 해서 총 연구 기간 5년(1982~1986), 총 연구비 240억 원, 연인원 1,300명이 투입되는 대형 연구개발사업에 착수하였다. 1982년 3월, 1차로 12억 2,700만 원의 개발예산이 체신부의 출연 승인을 받고, 국책사업으로 선정되었고, 1983년 9월에는 TDX 개발단을 설치해 본격적인 개발이 진행되었다.

TDX-1 시험기 완성을 앞두고 개발과 사업화 관리를 이원화할 필요성이 대두되어 1983년 이후 정부의 총괄 아래 출연과 사업관리를 담당하는 전담조직이 한국전기통신공사(KT)의 TDX사업단이란 이름으로 꾸려지고 기존의 TDX개발단은 연구개발과 기술전수를 담당하는 체제로 정비되었다. 또한 생산업체로 참여한 금성반도체, 한국전자통신, 동양정밀 등의 기업들이 교환기 개발과 생산을 연계하기 위한 목적으로 1982년부터 개발 과정에 참여하였다.

TDX-1 개발 성공 이후인 1984년 8월에는 금성반도체, 동양전자통신, 대우통신, 삼성반도체통신 등 개발사업 참여업체들과 기술전수계약을 체결하는 등 본격적인 상용화 절차를 추진하였다. 1986년 TDX-1의 상용서비스가 개시된 후 1986년 말까지 농어촌지역에 20만여 회선이 공급되어 처음으로 전화적체율이 10%대로 낮아졌고, 1987년 9월에는 전화시설이 1,000만 회선을 돌파하였다. 한국은 전화시설 규모 면에서 세계 10위권에 진입하며 컴퓨터와 통신기술을 결합한 디지털 전자교환기의 국내 개발 성공으로 수입대체 효과와 기술력 향상을 가져왔다. 1980년대 초반까지만 해도 신청 후 1년여를 기다려야 겨우 가능하였던 전화 설치가 1987년을 기점으로 신청 즉시 가능해졌다.

TDX 프로젝트의 의미는 개발도상국에서 정부가 어디까지 주도하는 게 좋으냐에 대한 모범답안을 보여 주었다는 데 있다. 당시 경쟁 관계에 있던 4대 전자회사들을 정부가 한데 모아 프로젝트를 진행한 것이다. 정부 지원은 초기 240억 원에서 560억 원까지 추가로 투입되었지만 이후 10배 이상 이익을 거두었다.[44] 이처럼 통신(교환)기술의 국산화 자립화를 통하여 만성적인 전화적체를 해소하고 세계 열 번째 전자교환기 생산국, 여섯 번째 수출국으로 부상하였다. 1987~2010년까지 산업 부문 발생매출액은 총 38조 170억 원으로 추정되며, 경제적 파급 효과는 총 7조 999억 원으로 예측, 1986~1996년 동안 약 26만 명의 추가

44 디지털타임스(2010. 8. 17).

적인 취업을 유발하였다. 기술료 수입은 약 68억 원(1994~2004)이며 기술 실시 업체로는 LG정보통신, 삼성전자, 동아일렉컴, 대우통신이 있다.

전전자교환기 개발은 후에 CDMA 상용화기술의 밑바탕이 되었다. 이는 IT 분야에 대한 투자 확대와 함께 한국에 IT산업을 등장시키는 계기가 되었다.

TDX-1과 TDX-101을 개발하는데 1982년부터 1991년까지 10년이 걸렸는데, 개발 성공 요인을 보면, 첫째 당시 한국의 기술 수준이 어느 정도 궤도에 올라있었다. 외국 기종 도입 시 기술분석을 통하여 구조를 충분히 이해하고 있었던 연구원들은 개발에 자신감을 가지고 있었다. 둘째, 개발자와 수요자가 같았던 점을 들 수 있다. 개발 주체는 전자통신연구소였으나 개발비를 부담하면서 개발에 나선 것은 한국통신이었다. 개발할 제품을 사용할 주체가 한국통신이었기 때문에 초기의 잦은 고장을 해결할 수 있었고 완성된 시스템을 개발할 수 있었다. 셋째, 산연관의 협력체계(Public-Private Partnership, PPP)가 잘 이루어졌다. 한국통신이 수요자가 되다 보니 연구소, 산업체 간에 협력이 잘 되었다. 시장에서는 경쟁 관계에 있던 산업체들도 TDX 개발 과정에서 기술적인 문제에 대해서는 협조체제를 잘 유지하였다. 마지막으로 정부의 정책적 의지를 꼽을 수 있다. 많은 반대를 잠재울 수 있었던 것은 정부의 강력한 정책 의지였으며, 천문학적 예산을 투입하는 것이 가능하였다.

② 초고속집적 DRAM 반도체 개발: 1986~1993년

가) 배경 및 목적 1980년대 중반 무렵 반도체 선진국인 미국이나 일본에서는 이미 4메가 DRAM의 실험시제품이 개발되고 있었으나 삼성전자에서는 1메가 DRAM 시제품이 개발되는 수준에 머물러 있었다. 선진국을 따라잡기 위해 4M DRAM 개발부터 공동개발 체제로 전환하였다.

DRAM 개발 연구 목표는 세계 반도체 시장의 주도권 확보 및 선진국과의 기술격차 해소하기 위해 4M DRAM을 산학연 공동으로 개발하는 것이었으며, 메모리 반도체 분야에서 선진국을 따라잡기 위해 후속적으로 16M, 64M DRAM 개발까지 이어지게 되었다. 64M DRAM부터는 선진국 수준을 넘어서게 된다. 그 후 삼성전자는 256M DRAM을 독자 개발함으로써 이 분야에서 세계적인 기업으로 앞서 나가게 된다.

나) 개발참여자 및 개발비 ETRI(주관기관), 삼성전자, 금성반도체, 현대전자 등이 참여하였다. 1986~1993년 동안 개발비용은 총 2,779억 원이 소요되었다.

역할 분담에 있어서 정부는 1985년 정부가 '반도체산업 종합육성계획'을 세웠고, ETRI가 연구개발을 총괄하고 삼성반도체통신, 금성반도체, 현대전자, 서울대 부설 반도체공동연구소가 참여해 설계생산과 기본기술 개발을 담당하고 기업의 기술 능력에 따라 독자개발을 수행하는 방식을 취하였다. 이 사업은 기술별 특성에 따라서 핵심 기술은 분담연구로, 제품기술은 각사의 제품전략에 따라 추진하였다.

다) 개발 및 기술이전 과정 주요 개발 과정을 보면 다음과 같다.

- 1985 '반도체산업 종합육성대책' 수립
- 1986 과학기술처, 체신부, 상공부 3개 부 공동명의로 작성한 '초고집적 반도체기술 공동개발안' 통과 / 4M DRAM의 공동개발 확정
- 1989 4M DRAM 개발
- 1991 16M DRAM 개발
- 1992 64M DRAM 개발(세계 최초)[45]
- 1994 256M DRAM 개발(세계 최초)[46]

1986년 특정연구개발사업의 일환으로 '초고집적 반도체기술 공동개발사업계획'을 수립하였고, 그해 8월 과학기술부, 체신부, 상공부 3개 부의 공동명의 계획안이 확정되었다. 계획에 따라 ETRI가 연구개발을 총괄하고 삼성반도체통신, 금성반도체, 현대전자가 공동으로 참여하였다.

4M DRAM 공동개발은 ETRI가 연구개발의 총괄관리와 설계, 생

45 1992년 11월에 개발을 완료하였고, 이듬해 1993년 3월에 사업이 종료되었다.
46 삼성전자가 단독으로 개발 완료하였다.

산, 기본기술 개발을 지원하고, 참여 기업들은 설계, 생산과 기본기술 개발을 담당하고 기업의 기술 능력에 따라 독자개발을 수행하는 방식으로 추진되었다.

1989년 4M DRAM 개발에 성공한 다음 후속적으로 '차세대 반도체기술 공동개발'을 추진하여 16M, 64M DRAM 개발에 착수하였다. 이 역시 마찬가지로 ETRI가 공동개발을 총괄하고, 삼성, 금성, 현대 3개 기업에 추가로 6개 기업, 2개의 정부출연연구소, 서울대를 비롯한 19개 대학 등이 참여하였다. 1991년에 16M DRAM, 1992년에 64M DRAM 개발에 성공하였다. 이를 계기로 한국 반도체산업은 세계시장에서 주요 생산자로 등장하였다. 16M DRAM은 ETRI가 총괄해서 1991년 3월 일본과 거의 같은 시기에 개발을 완료하였고, 64M DRAM 개발부터 일본을 추월할 수 있었다. 256M DRAM부터는 국내 기업이 자체적으로 개발하고 있다.

③ CDMA 시스템 개발: 1989~1996년

가) 배경 및 목적 1989년 체신부는 디지털 이동통신 시스템 개발을 국책과제로 선정하고 부호분할다중접속 방식인 CDMA 개발에 착수하기로 하였다. 한국전자통신연구원이 CDMA 원천기술을 보유한 미국의 퀄컴사와 기술협력 계약을 체결하고 개발에 들어갔다.

CDMA 기술개발사업의 목표는 디지털 방식의 이동전화 시스템과 단말기를 개발하고, 미국 TDMA(Time Division Multiple Access) 방식, 유럽

GSM(Group Special Mobile) 방식, 일본 PDC(Personal Digital Cellular) 방식 대비 기술경쟁력을 확보할 수 있는 독자적 방식의 디지털 이동통신 시스템을 개발하는 것이었다.

나) 개발참여자 및 개발비 ETRI(주관기관), 삼성전자, LG정보통신, 현대전자, 맥슨전자 등이 참여하였고, CDMA 기술개발사업은 체신부가 1989년부터 1996년까지 추진한 국가연구개발사업으로서 정부와 기업이 출연한 연구개발비가 약 996억 원에 달하고 연인원 1,042명이 투입되었다.

정부는 국가표준, 상용화를 위한 통신사업자 선정 등 정책 결정, 총괄관리를 담당하고, ETRI는 시스템 설계, 시제품 개발 및 기술이전을, 기업은 상용제품 설계·개발·제작을, 그리고 통신사업자는 현장시험과 사용자 요구조건 제시를 담당하였다.

1993년 9월, CDMA 사업을 가속화하기 위해 SK텔레콤의 전신인 한국이동통신에 CDMA 개발사업단이 꾸려졌다. 이를 주축으로 LG, 삼성, 현대 등의 업체들이 장비 개발에 참여하였다. 서비스 개통일은 1996년 1월 수도권 지역으로 결정되었다.

다) 개발 및 기술이전 과정 주요 개발일정을 보면 다음과 같다.

- 1989 디지털 이동통신 시스템 개발사업 시작
- 1991 미국 퀄컴사의 CDMA 기술 공동개발 계약서 서명, CDMA 개발 본격화

• 1996 세계 최초 CDMA 상용화 성공[47]

CDMA 기술개발사업이 추진된 방식은, 첫째 퀄컴과 전자통신연구원의 국제 공동기술개발, 둘째 전자통신연구원과 삼성전자, LG정보통신, 현대전자, 맥슨전자 등과 같은 제조업체들의 공동 기술개발로 구분할 수 있다. 전자통신연구원과 업체 간의 기술개발 활동을 조정하고 기업들이 개발한 제품들을 시험·평가하기 위해 관리기구로서 '이동통신기술개발 사업관리단'이 한국이동통신(현 SK텔레콤인데 당시는 공기업이었음) 내에 설치되어 운영되었다.

당시 한국은 CDMA 방식 관련 원천기술이 없었기 때문에 전자통신연구원은 퀄컴과의 공동기술개발협약을 통해 세 단계의 국제공동연구를 추진하여 퀄컴으로부터 원천기술을 전수받고 기본 시스템과 단말기를 설계하고 개발하였다. 이 공동연구의 추진을 위해 전자통신연구원의 인력이 미국의 퀄컴사로 파견되었다.

CDMA 기술개발사업에서 전자통신연구원은 장비업체들과의 공동기술개발을 통해 자신들이 설계·개발·제작할 수 있도록 지원하였다. 그리고 이 과정에서 퀄컴은 업체들이 자신의 원천기술을 사용할 수 있도록 기술 사용허가를 내주고 기술개발을 지원해 주는 역할을 하였다.

47 그 후 2001년에 세계 CDMA 이동통신 가입자 1억 명 돌파, 2008년 4세대 이동통신 시스템 LTE 기술개발, 2011년 4세대 이동통신 시스템 LTE-Advanced 기술개발 등으로 혁신이 계속 이어지고 있다.

제조업체들은 1994년 4월부터 업체당 34명의 개발 인력을 전자통신연구원과 퀄컴에 파견해 공동으로 설계작업을 추진하였다.

이 과정에서 제조업체들은 전자통신연구원의 설계를 바탕으로 시스템을 제작하고 제품화하는 역할을 담당하였으며, 이를 위해 참여기업 간에 하드웨어 제작과 관련하여 역할분담이 이루어졌다. 제어국은 삼성전자와 현대전자, 기지국은 LG정보통신과 현대전자, 그리고 교환국은 삼성전자와 LG정보통신이 시작품을 만들어 이를 전자통신연구원에 납품하고 전자통신연구원은 그것들을 전체 시스템으로 통합하는 작업을 담당하였다.

따라서 기술개발 체제는 퀄컴과 전자통신연구원이 원천기술을 바탕으로 해서 사용제품을 설계하면 업체들은 그 설계를 바탕으로 각기 분담 분야에 따라 서브 시스템을 제작해서 납품하고, 그러면 다시 전자통신연구원이 그것을 전체 시스템으로 통합하여 업체에게 기술을 전수해 주는 형태로 연구개발이 추진되었다. 그렇지만 전자통신연구원은 각 업체가 개발·납품한 제품에 대한 정보를 공개함으로써 공동 기술개발사업에 참여한 다른 기업가들에게 정보와 지식이 공유될 수 있는 여건을 마련해 주었다.

1996년 1월 3일, 한국은 세계 최초로 차세대 디지털 이동통신 방식인 CDMA 상용화에 성공하였고, 그해 4월 CDMA 이동전화 서비스는 서울 등 수도권 지역으로 확산하였으며, 상용화 9개월여 만에 전국 주요 도시에 디지털 이동전화 서비스를 제공하게 되었다. CDMA 기술확보로 국내 이동통신 시장은 물론, 해외시장에도 진출하게 되었다.

이 같은 전략 R&D 결과는 다음과 같은 성과를 가져왔다. 우선 TDX 개발을 계기로 한국의 정보통신산업이 싹을 틔우기 시작한다. 이후 DRAM 개발, CDMA의 상용화, 초고속 인터넷 서비스 등을 바탕으로 한국의 정보통신산업은 비약적으로 발전하게 된다.

그 밖에 한국형표준원자로 개발로 독자적인 원자력발전산업을 육성할 수 있게 되었으며, 2009년에는 한국형원자로를 UAE에 수출한 바 있다. 우리별 1호의 성공에 이어 한국은 20개의 위성을 쏘아 올렸는데, 이 중에 임무 종료한 것을 제외하고, 현재 9개가 운영 중이다.[48]

한편으로 정부출연(연) 시스템의 연구 능력이 축적되고 다른 한편으로 국내 기업의 기술력이 축적되면서 혁신 패러다임은 산업기반 혁신에서 과학기술기반 혁신으로 전환해 나간다. 과학기술기반 혁신은 과학기술 R&D를 바탕으로 혁신을 일으켜 새로운 제품이 출현하거나 산업이 등장하게 되는 것을 의미한다. 달리 말하면, 선진기업을 역엔지니어링(reverse engineering) 하거나 모방하여 제품을 생산하던 과정을 거쳐, 이제는 축적된 기술력을 바탕으로 자체적인 제품개발과 생산 단계로 이행하는 것을 의미한다. 이러한 과학기술기반 혁신에 힘입어 1990년대 후반 이후로 산업생태계 곳곳에서 혁신 패러다임의 구조적 변화를 맞

48 운영 중인 위성은 다목적실용위성(3개), 차세대중형위성(1개), 천리안 위성(3개), 차세대소형위성(1개), 성능검증위성(1개) 등이 있다(과학기술정보통신부, 2022. 8. 10).

이하였다.

3) 산업생태계의 변화

(1) 제조업 팽창과 산업구조의 고도화

1960~1970년대의 수출산업 육성과 1970년대의 중화학공업에 대한 투자로 한국은 산업구조가 1980년대 들어서면서 많이 바뀌었다. 그러나 1970년 후반에 지나친 정부 개입에 따른 중화학공업의 과잉 중복투자로 한국 경제는 극심한 어려움에 부닥치게 되었으며, 정치적 불안까지 겹쳐 어려움이 가중되었다. 제5공화국이 들어서면서 가장 먼저 추진한 경제정책은 '중화학공업투자조정'과 '산업합리화' 정책이었다. 중화학공업 육성 과정에서 쌓인 부실을 정리하고 기업 체질을 강화하기 위해 산업구조조정을 강력히 추진하였다. 그러나 1980년대 중반부터 시작된 국제 경제 여건의 호전에 힘입어 중화학공업은 호황을 누리면서 한국 경제의 핵심 산업으로 자리 잡게 된다. 그 결과 1986년부터 1988년까지 경제성장률은 매년 12%를 상회하고 국제수지 흑자 기조가 정착되어, 한국 경제를 억누르던 외채 문제를 단숨에 해결하였다. 또한 3저 현상으로 수입물가가 하락한 것과 제5공화국 정부의 물가안정화 정책에 의해 소비자물가 상승률도 2~3% 수준에 머물렀다.[49]

49 3저 현상이란 1980년대 중반 저유가, 저달러, 저금리 현상을 일컫는다. 이 현상은 한국의 중화학공업 발전에 호재로 작용하였다.

1980년대 주요 수출품은 의류, 가구, 영상기기, 선박, 철강, 자동차 등이 주류를 이루었다. 당시에는 노동집약적인 제품이 주류를 이루었으며, 중화학공업 제품은 1980년대 후반에 가서야 눈에 띄게 수출이 늘어났다. 1980년대 후반의 성장에 힘입어 산업기반을 구축한 중화학공업은 1990년대 들어 지속해서 발전을 거듭한다. 1990년대 불어닥친 정보혁명 속에서 한국 기업은 이에 빠르게 편승하고 전 산업에서 정보화가 진행되었다. 정보화의 진전은 중화학공업의 기술경쟁력을 한층 더 끌어올렸고, 정보통신산업이 새로 형성되면서 빠르게 성장하였다. 1990년대 후반에 들어서면 주요 수출품은 반도체, 자동차, 석유제품, 선박, 무선통신기기, 철강 등으로 기술집약제품이 전체 수출의 절반 이상을 차지한다(〈표 4-3〉 참조). 1990년대가 지나가면서 국내 대기업들은 글로벌 기업으로서 세계적인 경쟁력을 갖추고 각 분야에서 선두그룹에 위치하게 된다. 예로서 1970년대 삼성전자는 저가 위주의 TV를 수출하다가 1990년대 후반에 TV 시장에서 글로벌 선두 기업으로 성장한다. 그리고 메모리 반도체 분야에서 세계적인 기업으로 등장한다. 현대자동차는 자체적으로 개발한 엔진도 없이 소형차를 조립하여 해외 시장에 진출하였는데, 나중에 세계 5대 완성차 기업으로 성장한다. 그 밖에 LG는 전자·화학 제품 분야에서, 포스코는 철강 분야에서 세계적인 경쟁력을 보유하고 있다.

1980~1990년대에 제조업의 부가가치 생산액이 GDP에서 차지하는 비중은 평균적으로 27.5%를 차지하고 있다. 1981년에 제조업 비중은

| 그림 4-3 | 제조업의 대GDP 비중 추이

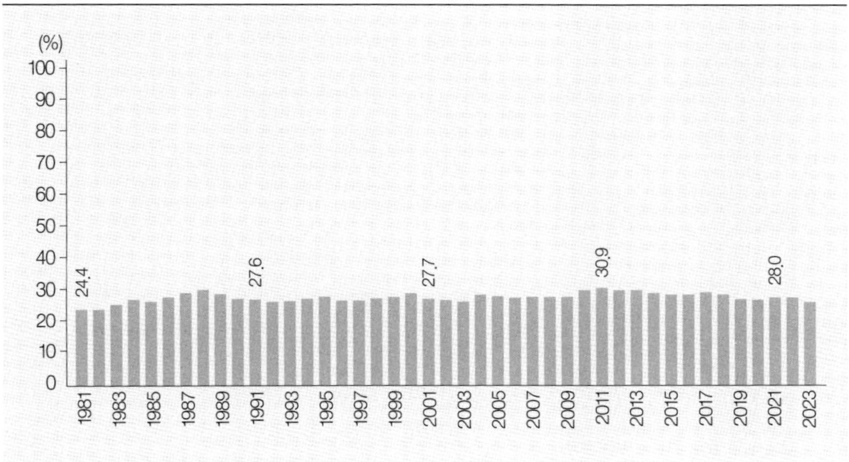

자료: 한국은행 경제통계시스템(https://ecos.bok.or.kr/#/SearchStat).

24.4%였으며 그 이후 계속 증가한다. 특히, 3저 효과로 중화학공업이 호황을 누리던 1988년에 비중이 30.5%까지 올라갔다. 수출액은 1981년 약 213억 달러에서 1999년 1,437억 달러로 증가하였다. 한편, 수출상품 구조를 보면, 1980년대에의 경공업 제품에서 1990년대 중화학공업 제품이 주력 수출품으로 등장한다. 이러한 경향은 더욱 심화하여 1990년대 말에는 반도체를 포함한 전자제품, 자동차, 석유제품, 선박, 철강 등이 한국의 대표 산업으로 정착한다. 2000년대 이후에도 이들 산업은 기술 고도화가 더욱 심화하는 가운데, 정보통신산업이 주력산업의 하나로 등장한다.

| 표 4-3 | 10대 수출상품의 구성 추이

(단위: 백만 달러)

순위	1980		1990		2000		2010		2020	
	수출품목	금액	수출품목	금액	수출품목	금액	수출품목	금액	수출품목	금액
1	의류(441)	2,778	의류(441)	7,600	반도체(831)	26,006	반도체(831)	50,707	반도체(831)	99,177
2	철강판(613)	945	반도체(831)	4,541	컴퓨터(813)	14,687	선박해양구조물 및 부품(746)	49,112	자동차(741)	37,399
3	가구(512)	908	가구(512)	4,307	자동차(741)	13,221	자동차(741)	35,189	석유제품(133)	24,168
4	선박해양구조물 및 부품(746)	620	영상기기(821)	3,627	석유제품(133)	9,055	평판디스플레이 및 센서(836)	34,120	선박해양구조물 및 부품(746)	19,749
5	음향기기(822)	593	선박해양구조물 및 부품(746)	2,829	선박해양구조물 및 부품(746)	8,420	석유제품(133)	31,531	합성수지(214)	19,202
6	인조장섬유직물(434)	564	컴퓨터(813)	2,549	무선통신기기(812)	7,882	무선통신기기(812)	27,619	자동차부품(742)	18,640
7	고무제품(320)	503	음향기기(822)	2,480	합성수지(214)	5,041	자동차부품(742)	19,322	평판디스플레이 및 센서(836)	18,151
8	목재류(031)	485	철강판(613)	2,446	철강판(613)	4,828	합성수지(214)	17,051	철강판(613)	15,997
9	영상기기(821)	446	인조장섬유직물(434)	2,343	의류(441)	4,652	철강판(613)	16,589	컴퓨터(813)	13,426
10	반도체(831)	434	자동차(741)	1,971	영상기기(821)	3,667	컴퓨터(813)	9,116	무선통신기기(812)	13,181
	소계(A)	8,276		34,693		97,459		290,356		279,090
	총수출(B)	17,505		65,016		172,268		466,384		512,498
	A/B	47.3%		53.4%		56.6%		62.3%		54.5%

주: ( )는 MTI 코드.
자료: 무역협회(https://stat.kita.net/).

(2) 글로벌 기업의 등장과 기술학습

일반적으로 기업이 직면하게 되는 환경은 매우 복잡하다. 기업 영역 내에서 경쟁기업, 하청기업, 전후방 관련 기업 등 이해관계자들과의 관계가 복잡하게 전개되며 '생태계'를 구성한다. 글로벌 시장에서는 기업 단위 또는 산업군에서 다양한 범주에 이르기까지 생태계가 생멸하고 있다. 기업들은 생태계 내에서 부가가치를 높이고 시장에 생존하기 위해 가치사슬 구조를 스스로 만들거나 편입하는 전략을 취한다. 기업이 가치사슬 구조에서 상위에 위치할수록 생태계를 주도할 수 있는 잠재력이 높아진다. 가치사슬을 주도하거나 아니면 편입되거나 하는 것은 기업으로서 최적화의 해결책이겠지만, 국민 경제 차원에서 바라보면 산업생태계를 주도하는 기업이 존재하느냐 하는 것은 지속적 성장과 연결되는 것이다.

중화학공업에 진출하는 것은 당시로서는 최첨단 산업에 진출하는 것이었고, 세계 수준의 기업들과 경쟁에서 살아남아야 성공하는 것이었다. 세계 시장에서 중화학공업 기업이 경쟁력을 유지하고 살아남는다는 것은 다른 측면에서 한국 산업의 가치사슬 구조가 개선된다는 것을 의미한다. 물론 제품 완성에 필요한 기술, 재료, 부품, 생산, 마케팅에 이르기까지 모든 요소와 자원을 확보하여 가치사슬 구조를 '자기완결형'으로 만들어 내기는 어려운 일이다. 그러나 가치사슬 구조의 중추로서 역할을 할 수 있는 글로벌 기업이 탄생한다는 것은 한국 경제의 지속적 성장의 가능성을 그만큼 높여 준다고 할 수 있다.[50]

1990년대에는 글로벌 기업으로 성장한 국내 기업은 외국 기술의 습득에서 시작하여 선진기업을 급속히 추격하는 것을 넘어 세계적인 신기술을 창출하는 기술 능력의 발전 과정 모든 단계를 잘 보여 주는 사례에 해당한다. 이들 기업의 기술습득 단계에서는 제품 생산에 필요한 기본적인 기술을 확보하였는데, 그것은 주로 해외 연수를 통해 획득한 기술을 생산 현장에 재현하는 형태로 이루어졌다. 기술추격의 단계에서는 의식적으로 기술격차를 축소하기 위한 활동을 전개하였으며, 기술혁신의 범위가 거의 모든 영역을 포괄하는 것으로 이어졌다. 기술창출의 단계에서는 기존의 기술경로를 추격하는 것을 넘어 새로운 기술경로를 개척하는 활동을 전개하면서 선진국에서도 선례가 없는 기술이나 해당 기업의 고유한 기술을 개발하기 시작하였다. 흥미로운 점은 한국 기업이 기술 활동의 성격과 내용을 동시에 변화시키면서 기술 능력을 압축적으로 발전해 왔다는 점이다. 한국 기업은 계속해서 성숙기 기술만을 대상으로 기술 활동을 전개해 온 것이 아니라 해당 기술의 수명주기가 성숙기, 과도기, 유동기로 선진화하는 것과 기술 활동의 성격이 습득, 추격, 창출로 발전하는 것이 동시에 이루어졌던 것이다. 이러한 점을 고려할 때, 한국 기업이 압축적으로 기술 능력을 발전시켜 온 과정의 요체는 성숙기 기술의 습득, 과도기 기술의 추격, 유동기 기

50 예로서 1980년대 대만은 중소기업 중심의 경제구조로 강한 면모를 보였는데, 대만의 중소기업 대부분은 일본 글로벌 기업의 가치사슬에 연계되어 있었다. 그러나 1990년 이후 일본 기업이 퇴조하면서 경제적 어려움을 겪는다.

| 표 4-4 | 한국 기업의 압축적 기술발전에 관한 개념도

기술 활동의 성격 / 기술의 수명주기	기술습득	기술추격	기술창출
유동기(A)	A1	A2	A3
과도기(B)	B1	B2	B3
성숙기(C)	C1	C2	C3

자료: 송성수(2012).

술의 창출로 개념화할 수 있다(〈표 4-4〉 참조).

주요 기업들이 기술 능력 발전 과정에서 보여 준 전반적인 특징을 살펴보면 다음과 같다. 첫째, 한국 기업의 발전에는 기업가 정신이 중요한 배경으로 작용하였다. 박태준, 정주영, 정세영, 이병철 등은 거의 '무에서 유를 창조'하는 식으로 해당 기업의 발전을 이끌어 왔다. 그들은 새로운 산업에 진입, 진입 초기의 과감한 투자, 적절한 기술의 선택 등에서 탁월한 도전정신과 리더십을 보여 줌으로써 해당 기업이 글로벌 기업으로 성장하는 데 기여하였다.

둘째, 지속적인 대규모 투자를 통해 기술발전의 원천을 창출하였다는 점이다. 대규모 투자를 한 후 신규 설비를 가동하면 각종 기술적 문제가 발생하고 그것을 해결하기 위해 수많은 기술적 노력이 기울여지기 마련이다. 이와 함께 대규모 설비를 최대한 활용하기 위해서는 여러 가지 대안을 찾아야 하며 이러한 필요에 의해 연구개발에 대한 투자도 증가하게 된다. 이미 어느 정도의 기술 수준을 구비한 상태에서 신규 설비에 대해 투자하는 선진국과 달리 한국의 경우에는 일단 대규모

투자를 한 후에 적절한 생존 방안을 찾는 과정에서 기술 능력이 발전하는 모습을 보였던 것이다.[51]

셋째, 진입장벽이 낮은 것에서 높은 것으로 기술 영역을 단계적으로 확대하였다는 점이다. 철강에서는 조업기술, 공정기술, 제품기술의 순으로, 조선에서는 건조기술, 설계기술, 제품기술의 순으로, 자동차에서는 조립기술, 설계기술, 엔진 제작의 순으로, 반도체에서는 조립기술, 웨이퍼 가공, 설계기술의 순으로 기술 능력이 발전해 왔다. 이처럼 한국 기업은 단기간에 습득이 가능한 생산기술에서 출발하여 점차 난이도가 높은 영역에 도전하는 모습을 보였다. 이러한 점은 제품혁신이 먼저 이루어진 후 공정혁신이 본격화되는 선진국과는 다른 특성을 보였다.

넷째, 한국 기업들은 기술 능력 발전 과정에서 태스크포스팀(task force team, TFT)을 만들어 병렬적 개발시스템(concurrent development system)을 적극 활용하였다. 즉, 핵심적인 기술 과제를 대상으로 태스크포스팀을 구성한 후 연구개발, 시제품 개발, 양산기술 개발을 순차적으로 진행하지 않고 병렬적으로 추진하였다. 이를 통해 기술개발의 기간을 단축하는 것은 물론 시장성이 높은 기술을 개발할 수 있었다. 병렬적 개발시스템의 구체적인 형태는 기업마다 약간의 차이를 보이지만, 제품

---

51 이와 관련하여 Pavitt(1984)는 기술혁신의 특성에 따른 기업의 유형을 공급자지배기업(supplier-dominated firms), 규모집약기업(scale-intensive firms), 전문공급자(specialized suppliers), 과학기반기업(science-based firms)으로 분류하였다. Tidd *et al.*(1997)은 이러한 네 가지 유형에 정보집약기업(information-intensive firms)을 추가한 바 있다.

의 개발과 생산라인의 건설을 병렬적으로 추진하는 방식이나 여러 제품에 대한 연구개발 활동을 동시에 추진하는 방식 등은 이들 기업에서 공통으로 나타나는 특징이라 할 수 있다.

이 같은 학습(technological learning) 능력은 산업경쟁력의 밑거름이 되었고 기업의 혁신 패러다임을 과학기술기반 혁신주도형으로 발전시켜 나갔다. 그리고 경제성장의 한쪽 날개 역할을 하였다.

(3) 기업의 기술혁신 능력 발전 사례

① 포스코와 철강산업[52]

포스코는 1970~1983년의 포항제철소 건설사업과 1985~1992년의 광양제철소 건설사업을 배경으로 세계적인 철강업체로 부상하였다.[53] 생산량의 측면에서 포스코는 1990~1992년의 세계 3위와 1993~1997년의 세계 2위를 거쳐 1998년, 1999년, 2001년에는 세계 1위를 기록하였다. 2002년 이후에는 주요 철강업체들의 통합과 중국 철강산업의 성장을 배경으로 포스코가 세계 4~5위의 철강업체가 되었다.

가) 포항제철소의 건설과 기술습득 포항제철소 건설사업은 103만 톤 규모의 1기 사업(1970~1973)을 시작으로 2기(1973~1976), 3기(1976~1978), 4기(1979~1981), 4기 2차(1981~1983)에 걸쳐 추진되었으며, 이

52 자세한 내용은 송성수(2002)를 참조할 수 있다.

53 포스코의 전신은 포항종합제철이다. 포항종합제철은 1968년에 공기업의 형태로 창립되었으며, 2000년에 완전히 민영화된 후 2002년에 포스코로 이름을 바꾸었다. 이 글에서는 해당 기업의 명칭을 편의상 '포스코'로 칭하기로 한다.

를 통해 포스코는 연간 철강생산 능력이 910만 톤에 이르는 대형 철강업체로 성장하였다. 포스코는 포항제철소 건설 과정에서 박태준은 사업계획, 설비구매, 건설관리 등 거의 모든 범위에 걸쳐 제반 문제를 해결하는 데 크게 기여하였다.

포스코가 기술을 습득하였던 가장 중요한 원천은 해외 연수였다. 신일본제철(新日本製鐵)과 일본강관(日本鋼管)은 '일본기술단'(Japan Group, JG)을 결성하여 포스코에 기술을 전수하는 데 적극 협조하였다. 설비가 가동된 후의 조업은 각 공정별로 해외 연수를 받았던 대졸 엔지니어가 책임을 맡고 다른 기술자와 기능공이 보조원의 역할을 담당하며 일본의 기술자가 자문을 제공하는 방식으로 진행되었다. 특히, 포스코는 퇴직한 일본의 현장기술자들을 1~2년간 기술고문으로 고용하여 조업을 지도하도록 함으로써 풍부한 현장 경험을 전수받을 수 있게 하였다.

포스코가 빠른 속도로 조업기술을 습득할 수 있었던 중요한 요인 중 하나는 기술 및 기능 인력의 관리에 있어서, 공과대학을 졸업한 대졸 엔지니어들을 관리직이 아닌 현장의 반장(foreman)으로 배치하여 공장 가동을 직접 담당하게 한 점이다. 또한 포스코는 기능이 '성스러운 경지'에 도달한 사람들을 특별히 대우하는 기성(技聖, Saint Technician)제도를 구축하였다.

나) 광양제철소의 건설과 기술추격 광양제철소 건설사업은 1기(1985~1987), 2기(1986~1988), 3기(1988~1991), 4기(1991~1992)에 걸

쳐 지속적으로 추진되었다. 이를 통해 포스코는 포항제철소의 910만 톤과 광양제철소의 1,140만 톤을 포함하여 총 2,050만 톤의 생산 능력을 구비하게 되었고 1990~1992년에는 신일본제철과 유지노 사실로(Usinor-Sacilor)에 이어 세계 3위의 철강업체로 부상하였다. 아울러 포스코는 두 제철소의 제품 구성을 달리함으로써 상호 보완적인 관계를 유지하였다. 포항제철소는 열연, 후판, 선재, 냉연, 스테인레스 등의 다품종 생산체제로, 광양제철소는 열연 및 냉연제품에 집중된 소품종 대량생산 체제로 특성화하였던 것이다.

1980년대에는 광양제철소 건설사업을 통해 도입된 첨단 설비의 가동을 위한 기술확보가 중요해졌다. 포스코는 1986년과 1987년에 포항공대(POSTECH)와 산업과학기술연구소(Research Institute of Industrial Science and Technology, RIST, 1996년에 포항산업과학연구원으로 변경됨)를 설립하여 새로운 연구개발 체제를 구축하였다. 이로써 포스코는 기업과 연구소는 물론 대학을 연결하는 '삼각(三角) 연구개발 협동체제'를 구축한 국내 최초의 기업이 되었다. 포스코는 기술개발을 효과적으로 추진하기 위하여 태스크포스팀을 구성하여 기술개발 기간과 시장진입 기간을 단축시키기 위해 연구개발, 시제품 개발, 양산기술 개발을 순차적으로 진행하지 않고 병렬적으로 추진하였다.

다) 차세대 혁신철강기술에의 도전과 기술창출 세계 철강산업은 1990년을 전후로 이전에 분리되어 있었던 생산공정을 생략하거나 직결화할 수 있는 차세대 혁신철강기술이 출현하기 시작하였다. 차세

대 혁신철강기술은 신(新)제선기술과 신(新)주조기술로 구분된다. 전자에는 직접환원법(direct reduction)과 용융환원법(smelting reduction)이, 후자에는 박슬래브주조법(thin slab casting)과 박판주조법(strip casting)이 포함된다. RIST는 1987년부터 용융환원법과 신주조기술에 대한 기초연구를 실시해 왔으며 1990년 3월과 1991년 2월에 각각 스트립캐스팅(S/C) 프로젝트팀과 용융환원(S/R) 프로젝트팀을 발족시켰다.

차세대 혁신철강기술로서 포스코는 코렉스(coal ore reduction, COREX)법과 ISP(in-line strip production)법을 선택하였다. 1990년을 전후하여 포스코는 상업화에 필요한 기술을 확보하기 위해 시험설비(pilot plant)를 구축하였다. 이 과정에서 시험설비의 설계와 제작은 외국의 기술진과 국내 기술진이 공동으로 수행하였다. 즉, 설비의 설계는 외국 기술진이, 설비 제작은 국내 기술진이 주도하였다. 용융환원에서는 오스트리아의 푀스트(Vöest)가, 스트립캐스팅에서는 영국의 데이비 디스팅톤(Davy Distington)이 공동연구개발의 형태로 참여하였다. 이를 바탕으로 포스코는 1992년 10월에 코렉스 프로젝트 추진반과 스트립캐스팅 추진반을 구성하여 실제 공장을 건설하는 사업을 추진하였다. 코렉스법을 적용한 연산 60만 톤 규모의 신(新)제선공장은 포항제철소에서 1993년 11월에 착공되어 1995년 11월에 완공되었다.

더 나아가 포스코는 차세대 혁신철강기술을 상업화하는 과정에서 새로운 개념을 제안하기도 하였다. 코렉스법은 용기 내부에 반응가스가 잘 통과할 수 있도록 입경이 8~35mm인 펠릿(pellet)을 원료로 사

| 표 4-5 | 파이넥스법의 개발 단계

단계	모델 플랜트	파일럿 플랜트	데모 플랜트	상용화 설비
규모	일일 15톤	일일 150톤 (연산 3만 톤)	연산 60만 톤	연산 150만 톤
건설 시기	1996. 5	1998. 2~1999. 8	2001. 1~2003. 5	2004. 8~2007. 5
주요 활동	실험실 수준의 테스트	기술적 실현 가능성 검증	주요 기술의 완성과 경제성 검증	파이넥스법의 상업적 적용

자료: 송성수·송위진(2010), p. 708.

용해야 한다는 단점을 가지고 있다. 이러한 점을 보완하기 위하여 입경 8mm 이하의 분광석을 원료로 사용할 수 있는 새로운 공법이 모색되었고 그것은 파이넥스(fine iron ore reduction, FINEX)법으로 명명되었다. 파이넥스 공법으로 기존 용광로의 6단계 공정을 4단계로 단축할 수 있었고, 제조원가를 크게 줄일 수 있었다. 포스코가 파이넥스법을 개발하는 과정에서 모델 플랜트, 파일럿 플랜트, 데모 플랜트, 상용화 설비의 단계를 거치면서 기술적 실현 가능성과 경제적 타당성을 높여갔다. 또한 파이넥스법의 경우에는 과거의 기술과 달리 공정설계, 설비제작, 공장조업의 세 단계에 필요한 요소기술을 국내에서 모두 정립해야 하였다.

결국 포스코는 파이넥스법에 대한 공정기술과 조업기술을 모두 확보하는 데 성공하였다. 이로써 포스코는 파이넥스법에 관해서는 모든 측면에서 기술혁신 선도자(innovation leader)로서 등장하게 되었다.

② 현대중공업과 조선산업

조선산업은 한국 산업사의 대표적인 성공 사례 중의 하나이다. 한국 조선산업의 규모는 수주량을 기준으로 1973년에 95만 7,000GT에 불과하였던 것이 1980년 170만 6,000GT, 1990년 573만 7,000GT, 2000년 2,068만 6,000GT을 거쳐 2010년에는 27,711만 2,000GT로 증가하였다. 특히, 한국은 2001년을 제외하면 1999~2008년에 계속해서 세계 1위의 선박수주량을 차지한 바 있다. 한국 조선산업의 세계적 위상은 세계 조선업체의 순위에서도 잘 드러난다. 2010년 건조량을 기준으로 세계 10대 조선업체 중에는 한국의 조선업체가 1위에서 6위까지 포진되어 있다. 현대중공업, 대우조선해양, 삼성중공업, 현대미포조선, 현대삼호중공업, STX조선이 그것이다.

가) 대형 조선소의 건설과 기술습득 현대는 조선산업에 진출하기 위해 외국과의 합작을 지속적으로 시도해 왔다. 일본과의 협력이 무산된 후 현대는 유럽과의 협력을 추진하되 합작투자 대신에 차관을 도입해 독자적으로 조선소를 건설하기로 방침을 정하였다. 1971년 9월에 현대는 영국의 애플도어(A&P Appledore)사 및 스코트리스고우(Scott Lithgow)사와 접촉하여 기술제휴 및 선박판매 협조계약을 체결하였고, 같은 해 10월에는 그리스의 해운회사인 리바노스(Livanos)로부터 25만 9,000톤급 초대형유조선(very large crude carrier, VLCC) 2척을 수주하는 데 성공하였으며, 이를 토대로 현대는 영국 등 5개국으로부터 차관을 조달할 수 있었다.[54] 1973년 3월에 VLCC 1호선 건조에 착수하였

고, 같은 해 8월에는 2호선 건조도 추진하였다. 현대는 조선소를 완공한 후 선박을 주문받아 생산하는 방식이 아니라 시장에 먼저 진입한 후 조선소를 건설하면서 선박을 건조하였던 것이다. 이러한 방식은 현대가 세계 조선산업의 역사상 처음 시도한 것으로 일명 '정주영 공법'으로 불리기도 한다.

현대가 조선산업에 진출하면서 국내 조선소에 근무하던 인력과 외국의 고급인력을 영입하는 데 적극적인 노력을 기울였지만 그것만으로는 대규모 기술인력을 충당할 수 없었다. 이에 현대는 1972년 9월에 영국 애플도어의 윌슨(Robert L. Wilson)을 소장으로 초빙한 후 사내훈련소를 개설하여 자체적으로 기술인력을 양성하기 시작하였다. 교육훈련 과정은 6개월이었으며, 가스절단, 배관, 판금, 전기, 기계공작, 제도, 관리 등의 11개 과를 운영하였다. 이런 식으로 현대는 1975년 말까지 정규훈련생 2,172명을 포함하여 총 3,636명을 배출할 수 있었다.[55]

현대는 1978년 기본설계실을 설립한 후 선형설계에 대한 개념을 세우고 외국선사의 실적선을 토대로 선체구조에 관한 상세설계에 착수하였다. 1979~1983년에는 독일, 덴마크, 캐나다 등에서 설계기술을 추

54 현대가 조선산업에 진출한 경위에 대해서는 현대중공업(1992, pp. 310~332); 김주환(1999, pp. 85~104)을 참조. 당시에 정주영은 조선소 건설에 필요한 자본과 기술을 확보하기 위해 매우 도전적인 활동을 벌였다. 그는 1970년 9월에 애플도어사의 롱바텀(Longbattom) 회장을 만나 거북선이 그려져 있는 500원짜리 지폐를 꺼내 우리 민족의 선박건조 기술의 잠재력을 내세웠으며, 1971년 10월에는 요르거스 리바노스(George Livanos)를 만나 울산시 미포만의 백사장 사진 한 장, 5만분의 1 지도 한 장, 26만 톤급 유조선 설계도면 한 장을 가지고 협상을 추진하였다고 한다.

55 현대중공업(1992), pp. 342~345.

가적으로 도입하여 자체적인 설계 능력의 향상을 도모하였고, 이를 바탕으로 당시 표준 선가의 1/2~2/3 수준으로 건조할 수 있는 표준형 선을 자체적으로 설계·개발할 수 있었다.[56]

나) 기술추격 1980년대 들어서서 조선산업의 구조조정 등 경영 환경이 급변하는 가운데, 현대중공업은 1983년에는 용접기술연구소를, 1984년에는 선박해양연구소를 설립하였고, 대우조선은 1984년 선박해양기술연구소를 설립하였다. 한편 정부는 1980년대 이후에 민간기업의 연구개발 활동을 촉진하기 위하여 금융, 세제, 인력 등에 대한 지원시책을 강화하였다.

특히, 현대가 1984년에 선박해양연구소를 설립하면서 예인 수조(towing tank)와 2개의 작은 수조를 건설하였다. 이로써 모형 시험 결과를 설계에 반영하고 관련된 자료를 축적할 수 있었다.[57]

연구개발 체제를 정비하고 이를 바탕으로 한국의 조선업체들은 설계기술, 생산기술, 생산관리의 모든 영역에서 선진국의 기술을 본격적으로 추격하기 시작하였다.[58] 설계기술의 경우에는 일본식 생산설계와 유럽식 기본설계를 바탕으로 이를 점진적으로 개선함으로써 유조선이나 벌크화물선과 같은 일반 상선에 대해서는 자체적인 설계가 가능해졌다. 그러나 LNG운반선을 비롯한 고부가가치 선박에 대한 설계기술

56 한국조선공업협회(2005), pp. 89~90.
57 현대중공업(1992), pp. 647~650.
58 한국조선공업협회(2005), pp. 86~87; 한국산업기술진흥협회(2009), pp. 212~214.

은 아직 확보하지 못한 상태였다.

생산공정의 측면에서는 1980년대 이후에 CAD/CAM 기술이 보급되면서 컴퓨터를 활용한 선박의 설계와 생산이 이루어지기 시작하였다. 레이저 절단설비가 채택되어 절단작업의 정확도와 속도가 크게 제고되었으며, 이산화탄소 용접기법과 플럭스 피복(flux cored wire) 용접기법이 보급되어 용접능률이 대폭적으로 향상되었다. 생산관리기술의 측면에서는 일본의 생산관리 전문가를 초청하여 이론적 계획관리기법을 도입한 후 이를 전산화하여 각 조선소의 실정에 맞게 개선하고 보완하는 작업이 이루어졌다.

다) 기술창출 1994년 5월에는 현대중공업, 대우조선, 삼성중공업, 한진중공업, 한라중공업 등 5대 조선소와 한국기계연구소 선박해양공학연구센터의 참여를 바탕으로 한국조선기술연구조합이 결성되었다. 한국조선기술연구조합은 산학연 연구개발 협력체계를 구축하여 조선산업 분야의 공통 애로기술과 관련 첨단기술에 관한 기술적 과제를 해결하는 것을 목적으로 삼았다. 조선산업에 정보기술을 접목하는 작업도 활발히 전개되어 한국조선기술연구조합을 중심으로 대형 조선소들이 컨소시엄을 구성하여 조선 CIMS(computer integrated manufacturing system) 개발사업이 추진되었다.

고부가가치 선박인 LNG선은 LNG를 싣는 탱크인 화물창의 구조에 따라 모스(moss)형과 멤브레인(membrane)형으로 나뉜다. 일본이 개발한 모스형 기술을 빌리지 않고 멤브레인형 LNG선의 상업화를 독자적으로 추진한 한국의 모험은 결국 큰 성과를 거두었는데, 2000년대 이후 한국의 조선업체들은 LNG선 시장의 주도권을 잡게 되었다. 뒤늦게 멤브레인형에 뛰어든 일본의 조선업체들이 한국의 기술을 도입하는 현상도 나타났다. 현대중공업은 2003년에 세계 최초로 개발한 플라즈마 용접기법을 멤브레인형 LNG선에 적용함으로써 두 가지 형태의 LNG선을 건조하는 최초의 업체가 되었다.

더 나아가 한국의 조선업체들은 복합적 기능을 가진 선박들을 잇달아 개발함으로써 새로운 기술경로를 창출하는 모습을 보여 주고 있다. LNG선 위에서 액체가스를 기체로 바꾸는 장치를 장착하여 배에서 곧바로 소비자에게 가스를 공급하는 LNG-RV(regasification vessel), 북극해의 얼음을 깨면서 원유를 운반하는 쇄빙유조선, 바다에서 원유를 채취하여 정유하는 기능을 가진 FPSO(floating production storage offloading), 지면효과를 이용하여 물 위를 스치듯 날아가는 WIG선(wing-in-ground ship) 등은 그 대표적인 예이다.

최근에 한국의 조선산업의 대표적인 기술혁신으로는 신(新)건조공법을 들 수 있다.[59] 현대중공업의 육상건조공법(on-ground building method), 삼성중공업의 메가 블록 공법(mega block method), STX조선의 스키드 런칭 시스템(skid launching system), 한진중공업의 DAM 공법 등을 도입함으로써 조선산업의 새로운 패러다임 변화를 가져왔다.

59 김경미(2005).

③ 현대차와 자동차산업

한국의 자동차생산량은 1970년에 2만 9,000대에 불과하였던 것이 1990년의 132만 2,000대와 2000년의 311만 5,000대를 거쳐 2010년에는 427만 2,000대로 지속적으로 증가하였다. 한국의 자동차산업이 세계에서 차지하는 비중도 1995년에는 5%를 넘어서기 시작하였다. 한국은 1985년 세계 13위, 1988년 10위, 1998년 8위를 거쳐 2000년 이후에는 세계 5위의 자동차 강국으로 도약하였다. 자동차산업은 2009년을 기준으로 제조업 생산액의 10.1%, 부가가치의 9.4%, 수출의 11.7%를 차지하고 있다. 현대는 대우나 삼성과 같은 다른 자동차업체와 달리 국내의 자본과 기술로 운영되어 온 특징을 가지고 있다. 이와 함께 현대는 조립생산용 코티나, 고유모델(original model) 포니, 수출전략제품 엑셀, 독자모델(unique model) 액센트 등을 매개로 한국 자동차산업의 기술발전 경로를 잘 보여 주고 있다.[60]

가) 고유모델의 개발과 기술습득 현대자동차는 1968년에 미국의 포드와 조립자계약 및 기술도입계약을 체결함으로써 코티나 승용차를 조립생산하기 시작하였는데(1973년에 합작 종료), 당시의 국산화율은 20%를 간신히 상회하는 수준이었으며, 그나마 국산화 품목도 배터리, 타이어, 범퍼, 페달, 시트 등과 같은 간단한 프레스물 정도에

60 여기서 '고유모델'이란 외국에서 생산·시판된 일이 없는 새로운 설계의 차종을 의미한다. 그것은 차량모델을 누가 설계하고 차량에 탑재되는 부품을 누가 개발하는가 하는 문제와 무관하다. 이러한 작업들을 완전히 자체적으로 수행한 경우는 '독자모델'에 해당한다.

불과하였다.[61]

현대의 정주영 회장과 정세영 사장은 외국의 자동차회사에 의존하는 것은 결국 수입판매 대리점과 다를 바 없다고 판단하면서 고유모델의 개발을 선택하였다. 현대의 최고경영진은 독자적인 기술기반을 구축하여 진정한 자동차메이커로 성장한다는 일념으로 고유모델의 개발을 강력히 추진하였다.[62] 최초의 고유모델 승용차인 포니의 개발은 핵심 기술 대부분을 외국에서 도입함으로써 이루어졌다. 현대는 스타일링과 차체설계를 위하여 이탈디자인(Italdesign)사에 기술용역을 의뢰하였고, 엔진, 변속기, 후차축 등 동력발생 및 동력전달 장치, 플랫폼(언더바디섀시 및 플로어)의 설계도면(섀시레이아웃), 엔진제조를 위한 주물제조기술은 일본의 미쓰비시에서 도입하였다. 이밖에 현가장치, 조향장치, 제동장치, 엔진마운트, 냉각 및 배기 시스템 등 주요 섀시 부품들은 현대가 미쓰비시의 랜서 차종을 분해하거나 도입한 부품을 일일이 측정하여 도면화하였다. 부족한 기술 자료는 기존의 코티나, 뉴코티나 등의 포드 사양을 응용하되 국내 기술 수준을 감안하여 약간 수정하는 방식으로 준비되었다.[63]

이처럼 현대는 최초의 고유모델 포니를 개발함에 있어서 차체설계, 엔진, 변속기 등의 주요 기술을 모두 외국업체에게 의존하였으나, 이들

61 현대자동차(1992), p. 315.
62 정세영(2000), pp. 162~184.
63 현대자동차(1987), pp. 191~198.

요소들을 결합하여 하나의 새로운 차종으로 만들어 내는 모든 과정은 자체적인 기술 노력을 통해 해결해야 하였다. 시행착오를 불가피하게 동반하였던 이러한 기술적용 노력은 고유모델이기 때문에 생겨난 기술학습의 중요한 원천이었다. 이처럼 현대는 다국적 기술의 도입으로 새로운 기술학습의 원천을 창출하고 소위 '짜집기식 기술조합'을 통해 자신의 고유모델을 개발하였다. 이는 세계적으로 유례가 없는 방식이었다.

나) 대량생산 체제의 구축과 기술추격 1978년부터 현대는 X-카 프로젝트를 본격적으로 추진하였다. 1981년 10월 발표된 X-카 프로젝트의 골자는 미쓰비시와의 기술제휴 및 합작투자를 통하여 1985년까지 전륜구동형 소형승용차인 엑셀을 연간 30만 대 생산할 수 있는 공장을 건설하고 생산된 승용차를 선진국 시장에 대량으로 수출한다는 것이었다.[64]

현대는 X-카 프로젝트를 추진하면서 포니에 적용되었던 후륜구동 방식을 폐기하고 엑셀에는 전륜구동이라는 새로운 플랫폼을 선택하였다. 또한 현대는 기존의 프레임도어 대신에 도어 전체를 용접 없이 하나의 패널로 만드는 풀도어를 적용하였다. 그리고 미국의 엄격한 배기규제를 충족시키기 위하여 기존의 기화기 방식의 엔진을 대신하여 전자제어 방식의 엔진을 도입하였다. 이를 위하여 현대는 미쓰비시로부터

64 현대자동차(1992), pp. 515~517.

FBC(feed-back carburetor) 엔진을 도입하였지만, 그것을 고유모델 차종과 수출지역의 환경에 적응시키는 모든 과정은 현대 자체의 노력에 의해 수행되었다. 그 밖에 현대는 1982년에 설계전산화를 위하여 CAD/CAM 시스템을 도입하였고, 1984년에는 시험생산 과정을 체계화하기 위하여 종합시험주행장을 건설하였다.[65]

X-카 프로젝트를 계기로 현대는 1980년대 초반부터 연구개발 투자를 크게 증대시키는 한편, 기업 내 연구개발 조직을 대폭적으로 확충함으로써 기술도입을 대체할 수 있는 자체개발의 기반을 구축하기 시작하였다. 현대는 1984년 11월에 마북리연구소를 신설하였다. 1986년 5월 미국에 현지연구소인 HATCI(Hyundai American Technical Center Inc.)를 설립하였다. 1988년의 소나타 개발을 계기로 스타일링 부문에서도 기술도입을 대체하는 현상이 나타나기 시작하였다.

다) 독자모델로의 이행과 기술창출 현대가 5년 6개월 동안 1,300억 원을 투입하여 1991년에 알파엔진을 자체적으로 개발하는 데 성공하였다. 이로써 한국의 자동차산업은 개발도상국으로서는 처음으로 자동차의 독자개발 능력을 확보하게 되었다. 한국 자동차산업의 경우에는 자체개발에 의한 기술도입의 대체가 차체설계→스타일링→엔진/변속기의 순으로 이루어져 왔는데, 알파엔진의 개발을 계기로 자동차 생산에 필요한 전 분야에 걸쳐 독자개발 능력을 갖추었다.

65 이충구(2011).

현대는 알파 프로젝트를 추진하면서 변속기의 자체개발도 동시에 진행하였다. 변속기 개발의 경험이 거의 없었던 연구팀은 처음에 외국의 샘플 수동변속기와 미쓰비시의 도면을 유일한 교사로 삼아 변속기 설계에 관한 학습을 수행하였고, 알파엔진에 적합하도록 변형하는 방식을 통하여 독자모델에 사용될 자동변속기를 개발하였다. 현대는 독자개발한 알파엔진과 변속기를 스쿠프에 탑재함으로써 선진 자동차업계들과 실질적으로 경쟁할 수 있는 위치에 서게 되었다.

알파엔진 개발의 가장 큰 의미는 현대가 이후에 다른 독자엔진을 자체적으로 설계·개발할 수 있는 기술 능력을 배양하였다는 점에서 찾을 수 있다. 현대의 두 번째 독자엔진은 감마엔진이었는데, 이와 관련한 기술도입은 오스트리아의 AVL사로부터 이루어졌다. AVL의 개념설계를 바탕으로 현대는 상세설계, 부품설계, 성능시험의 모든 과정을 독자적으로 실행하였다. 더 나아가 감마엔진 이후에 추진된 뉴 알파엔진과 베타엔진의 개발은 외부의 기술도입 없이 전적으로 자체 연구인력에 의해 수행되었다. 이처럼 현대는 일련의 독자엔진개발 프로젝트를 수행하는 과정에서 독자적으로 엔진개발이 가능할 정도로 기술 능력이 발전하였다.

더 나아가 현대는 2000년 4월부터 2004년 8월까지 1,740억 원을 투입하여 세타엔진을 개발함으로써 엔진기술을 세계 최고 수준으로 발전시켰다. 알파엔진에 밸런스 샤프트를 오일펌프가 내장된 모듈로 디자인하여 소음과 진동을 줄이는 독창적인 기술을 적용하였다. 세계 최초로 간접 공기량 측정 방식을 이용하여 흡배기를 조절할 수 있도록 설계하였으며, 각 부품들의 상호 연관성을 종합적으로 고려한 최적화된 개발 능력을 보유하게 되었다. 특히, 세타엔진은 한국 자동차 역사에서 최초로 기술수출을 이룩한 사례에 해당한다. 세타엔진이 현대, 크라이슬러, 미쓰비시가 주도한 세계엔진제조연합의 표준으로 채택되어 5,700만 달러의 기술료를 획득하는 성과를 거두었던 것이다.[66]

④ 삼성전자와 반도체산업[67]

한국의 반도체산업이 성장해 온 과정은 매우 극적이어서 '신화'라는 표현을 자주 사용한다. 한국의 반도체산업은 1960년대 중반에 시작된 후 1980년대 이후에 D램(dynamic random access memory, DRAM)을 중심으로 급속히 성장하였다. 특히, 삼성[68]은 64K D램부터 시작하여 선진국을 급속히 추격한 후 64M D램 이후에는 세계를 주도하는 반도체 업체로 부상하였다(<표 4-6> 참조). 삼성은 1992년부터 D램에서, 1993년부터는 메모리 반도체에서 세계 1위를 기록하고 있다.[69]

가) 반도체 사업으로의 진출과 기술습득 삼성은 1982년 9월

66 황정태(2008), pp. 118~121.
67 더 자세한 논의는 송성수(2008)를 참조할 수 있다.
68 삼성그룹에서 반도체사업을 담당해 온 기업은 한국반도체(1974~1978), 삼성반도체(1978~1980), 삼성전자(1980~1982), 한국전자통신(1982), 삼성반도체통신(1982~1988), 삼성전자(1988~현재)의 순으로 변천해 왔지만, 이 글에서는 편의상 '삼성'으로 칭하기로 한다.
69 한국의 반도체산업 전체로는 1998년부터 D램에서, 2000년부터 메모리 반도체에서 세계 1위가 되었다.

|표 4-6| 삼성의 D램 개발사

구분	64K	256K	1M	4M	16M	64M	256M	1G	4G
개발시기	1983. 11	1984. 10	1986. 7	1988. 2	1990. 8	1992. 9	1994. 8	1996. 10	2001. 2
소요기간	6개월	8개월	11개월	20개월	26개월	26개월	30개월	29개월	30개월
개발비용	7.3억	11.3억	235억	508억	617억	1,200억	1,200억	2,200억	2,200억
선진국과의 격차	5.5년	4.5년	2년	6개월	동일	선행	선행	선행	선행
선폭	2.4μm	1.1μm	0.7μm	0.5μm	0.4μm	0.35μm	0.25μm	0.18μm	0.13μm

자료: 삼성전자(2010).

에 전담팀을 구성하여 새로운 사업을 모색하기 시작한 후 1983년 2월 8일에 소위 '동경(東京) 구상'을 통해 반도체사업에 대한 대대적인 투자를 공표하였다. 동경 구상이 공표되자 수많은 우려와 비판이 제기되었으며, 사실상 삼성의 공식 자료도 선진국과의 격심한 기술격차, 막대한 투자재원조달의 부담, 고급 기술인력의 부족, 특수설비 공장건설의 어려움 등과 같은 수많은 문제들이 산적해 있었다고 기록하고 있다.[70] 이와 같은 불확실성에도 불구하고 삼성이 첨단반도체에 도전하였던 데는 이병철 회장의 신념이 결정적인 역할을 담당하였던 것으로 전해진다.

삼성은 D램을 주력 품목으로 선정하면서 64K D램을 개발한다는 목표를 세웠다. 1K, 4K, 16K D램을 생략하고 곧바로 64K D램에 도전

70 삼성반도체통신(1987), p. 187.

한다는 야심 찬 목표였다. 그것은 선진국이 밟아왔던 단계를 모두 거쳐서는 계속해서 선진국에 뒤질 수밖에 없다는 판단이 있었다. 그리고 삼성은 재미 과학기술자들을 중심으로 1983년 7월에 미국 산호세에 현지법인을 설립하였다.

삼성은 1983년 5월부터 64K D램을 개발하는 작업에 착수하였다. 당시에 삼성은 조립생산기술은 자체적으로 개발하는 한편, 국내에 전혀 확보되어 있지 않은 설계기술과 검사기술은 선진국으로부터 도입한다는 전략을 세웠다. 이를 위하여 삼성은 D램 산업을 주도하고 있었던 미국과 일본의 선진업체들에 접근하였지만 그들은 모두 기술이전에 인색한 자세를 보였다. 우여곡절 끝에 선택된 기업은 미국의 벤처기업인 마이크론 테크놀로지(Micron Technology)와 일본의 중견기업인 샤프(Sharp)였다.

삼성은 마이크론에서 기술연수를 받기 위해 삼성은 신입사원을 중심으로 기술연수팀을 구성한 후 6개월 동안의 철저한 준비교육을 시켰다. 그러나 마이크론은 삼성을 미래의 경쟁자로 생각하면서 기술이전에 적극적인 자세를 보이지 않았다. 이에 삼성의 기술연수팀은 자신이 맡은 공정의 구조와 내역을 암기한 후 일과 후에 숙소에 모여 각자의 기억을 바탕으로 짜깁기를 하여 전체적인 그림을 만들었다. 삼성은 마이크론으로부터 64K D램 칩을 제공받은 후 이를 재현하는 작업(reverse engineering)을 추진하였다. 결국 삼성은 착수 6개월 만인 1983년 11월에 64K D램을 개발하는 데 성공하였고, 이로써 한국은 미국과 일본에 이어 세계에서 세 번째로 64K D램을 개발한 국가가 되었다.

삼성은 64K D램을 개발하면서 양산공장을 건설하는 데에도 박차를 가하였다. 한쪽에서 반도체를 개발하는 동안 다른 한쪽에서는 반도체 공장을 지었다. 삼성은 64K D램 생산라인인 제1라인에 착공한 지 2개월 후인 1983년 11월에 256K D램 생산라인인 제2라인의 내역을 검토하였다. 제1라인은 4인치 웨이퍼를 사용할 예정인데 제2라인의 경우에는 6인치 웨이퍼를 사용하기로 결정하였다.

삼성은 1984년 3월에 256K D램을 개발하는 데 착수하였다. 256K D램의 경우에는 기술도입과 자체개발을 병행하는 양면 전략(dual strategy)이 시도되었다. 국내에서는 이윤우 이사를 중심으로 설계기술의 도입을 통하여 256K D램을 개발하는 한편, 미국 현지법인에서는 이일복 상무를 중심으로 설계기술부터 독자적으로 개발하기로 하였다. 국내 연구팀은 마이크론에서 설계기술을 도입하여 1984년 10월에 256K D램을 개발하는 데 성공하였고, 미국의 현지법인은 1985년 4월에 설계를 완료한 후 같은 해 9월에 양품(良品)을 확보하는 성과를 거두었다.

나) 선택과 경쟁을 통한 기술추격 삼성은 1985년 1M D램을 개발하면서 이일복 상무를 중심으로 하는 미국 현지법인팀과 박용의 박사를 팀장으로 하는 국내팀이 동시에 1M D램을 개발하기로 결정하였다. 1M D램을 개발하는 과정에서 삼성은 자신이 보유하고 있던 기술을 과감히 버리고 당시의 추세에 부응하여 C-MOS로 설계를 변형하였다. 이때 채택된 C-MOS는 이후의 제품에서도 지배적인 위치를

차지함으로써 삼성은 선도업체들과의 기술격차를 크게 단축할 수 있었다.

이후 1M, 4M D램 개발에서 국내팀과 현지법인팀의 경쟁은 국내팀의 승리로 끝났다. 이를 계기로 D램 개발은 국내에서 전담하고 현지법인은 D램 이외의 고부가가치 제품을 담당하는 체제가 정착되었다. 그 밖에 4M D램을 개발하는 과정에서 이병철 회장의 결심에 따라 스택 방식을 채택하게 되었는데, 스택 방식은 4M D램은 물론 이후의 제품에서도 기술주류를 형성함으로써 트렌치 방식을 택한 업체들은 2군으로 밀려나고 스택 방식을 택한 업체들은 1군으로 성장하는 결과를 가져왔다.

다) 세계 1위로의 도약과 기술창출 삼성은 1982년에 첨단반도체 사업에 진출한 후 6년이라는 짧은 기간 동안에 64K, 256K, 1M, 4M D램을 잇달아 개발하였다. 그러한 과정에서 선진국과의 기술격차도 5.5년, 4.5년, 2년, 6개월로 점차 단축되었다(〈표 4-6〉 참조). 삼성이 1988년부터 추진하였던 기술개발은 이전과 달리 선행주자와 모범 사례가 없는 상태에서 '미답의 목표'에 도전하는 것이었다.

삼성은 1988년 6월에 16M D램의 개발에 착수한 후 1990년 8월에 시제품을 개발하는 데 성공하였다. 당시에는 16M D램의 시제품을 생산하는 해외업체가 없었기 때문에 설계기술과 공정기술을 독자적으로 확립하는 것은 물론 감광재료나 노광장비의 일부도 자체적으로 개발해야 하였다. 삼성보다 약간 앞서거나 비슷한 시기에 일본의 히타치,

도시바, 미국의 IBM 등이 16M D램을 개발했다고 발표하였다.[71]

삼성은 16M D램의 개발을 목전에 두고 있었던 1990년 6월에 권오현 박사를 중심으로 64M D램을 개발하는 작업에 착수하였다. 아직 16M D램의 개발이 완료되지 않았는데 차세대 제품인 64M D램에 착수하였다. 그것은 삼성이 동시에 두 세대의 신제품을 동시에 개발하는 방식을 활용하기 시작하였다는 점을 의미한다. 즉, 4M D램이 양산 단계에 이르면 그것을 개발하였던 팀이 64M D램의 개발에 착수하고, 다시 16M D램을 개발한 팀은 차차세대 제품인 256M D램의 개발에 투입되는 것이다. 이처럼 공격적인 방식을 활용하여 삼성은 1992년 9월에 세계 최초로 64M D램을 개발하는 데 성공하였다. 한편, 1991년에 삼성은 16M D램 양산라인을 8인치로 채택하여 1993년 6월에 양산라인을 준공함으로써 세계 최대의 16M D램 생산공장을 확보하였다.[72]

삼성은 1992년 1월부터 황창규 박사를 중심으로 256M D램을 개발하는 작업을 추진하였다. 그 과정에서는 처음부터 256M D램을 제작하지 않고 이미 개발된 16M D램에 256M D램의 사양을 적용하는 방식이 적용되었다. 삼성은 1992년 12월에 16M D램의 선폭을 0.28㎛으로 축소하는 기술을 확보한 후 1994년 8월에는 선폭이 0.25㎛인 256M D램을 세계 최초로 개발하는 데 성공하였다. 이처럼 삼성은 기존의 제품에 새로운 사양을 적용하고 이를 통해 차세대 제품을 개발하는 방

71 진대제(2006), pp. 14~23.
72 삼성전자(1999), pp. 394~396.

식을 활용함으로써 16M D램의 성능을 향상시킴과 동시에 256M D램을 추가로 개발하는 일석이조의 효과를 누릴 수 있었다.

삼성의 생산제품 다각화를 위해 모바일 기기에 주로 사용되는 낸드플래시메모리를 선택하였다. 삼성은 1996년 64M 제품에서 2005년 16G 제품에 이르기까지 낸드플래시의 용량을 매년 2배씩 증가시켰으며, 2003년에는 플래시메모리에서 세계 최고의 기업으로 부상하였다.[73] 더 나아가 삼성은 플래시메모리의 시장을 개척하는 과정에서 퓨전반도체라는 새로운 기술경로를 창출하였다.[74] 2004년 11월에 출시된 1G 원낸드(OneNand)는 낸드플래시, S램, 비메모리의 기능을 하나의 칩에 집적함으로써 읽기 속도가 빠른 노어플래시의 장점과 쓰기 속도 및 고집적에서 유리한 낸드플래시의 장점을 동시에 구현할 수 있었다. 삼성은 원낸드 이외에도 원디램(OneDRAM), 플렉스원낸드(FlexOne Nand)와 같은 퓨전반도체를 잇달아 개발하였다. 플렉스원낸드는 칩의 메모리 공간을 둘로 갈라 한쪽은 고속용으로 다른 쪽은 대용량으로 만들어 사용할 수 있는 것이다.

73 신장섭·장성원(2006), pp. 77~82.
74 삼성전자(2010), pp. 235~242.

3. 고도화기: 2000년 이후

2000년대 들어서서 정보화가 진전되면서 한국 경제는 디지털 경제로 전환하기 시작한다. 1990년대 중반부터 밀려오기 시작한 정보화 물결 속에서 정보통신 인프라 확충에 집중적으로 투자하여 초고속 정보통신망을 구축하고 초고속 인터넷 서비스가 가능해졌다. 디지털화가 보편화하면서 생산방식, 사무실 업무방식, 가정의 소비 패턴 및 일상생활 등에 지대한 변화를 초래하고, 새로운 비즈니스 모델도 등장하였다. 그리고 벤처 창업이 활성화되고 신산업도 등장한다.

한국 혁신시스템도 그 모습이 많이 달라졌다. 무엇보다도 지난 40여 년간 혁신 주체의 능력이 축적되고 증대하였다. 삼성, 현대, LG 등을 비롯해 다수의 글로벌 기업이 등장하게 되었고, 출연연구기관은 여러 가지 성과를 바탕으로 세계적인 수준에 올라섰다. 또한 대학 역시 2000년 이후 세계가 주목할 만한 성과를 *Science*, *Cell*, *Nature* 등에 게재하면서 연구 능력이 상당한 수준으로 신장하였다. 혁신 주체의 혁신 능력이 축적되고 혁신시스템이 구축되자 정부는 여러 가지 혁신정책을 다양하게 구사할 수 있게 되었다. 특히, 정보화 진전과 함께 한국 경제가 지식기반 경제로 진입하면서 혁신 주도 성장전략이 중요해졌다. 정부는 혁신 주체의 역량 '구축'에서 혁신시스템 내에서 '동태성'(dynamism)을 높이는 것으로 정책의 초점을 옮겨 가고 있다.

1) 정책동향: 2000년 이후

2000년 이후 국가 과학기술계획의 종합화와 체계화 정비작업으로써 경제 정책, 산업 정책보다 중요도가 낮았던 과학기술혁신 정책이 국정 운영의 핵심으로 등장하였다. 제1차 과학기술기본계획(2002~2006)의 수립은 「과학기술기본법」에 의거하여 최초로 범부처적으로 정부의 과학기술 관련 정책을 종합화하고 체계화하였다. 2005년에는 기초연구진흥종합계획(2006~2010) 수립·시행, 우주개발 중장기 기본계획(2006~2010) 수립과 「우주개발진흥법」 등이 제정되었다.

부가가치가 높고 차세대 성장산업의 기반이 되는 생명공학 기술(BT), 환경 기술(ET), 우주항공 기술(ST) 등 미래유망 신기술 분야에 대한 투자를 확대하였다. '2002 국가기술지도'(National Technology Road Maps, NTRMs)에서 10년 후 과학기술 비전과 중점기술 99개에 대한 기술지도를 작성하였다. 그리고 새로운 성장동력 발굴과 창조형 기술혁신 체제로의 전환 필요성에 따라 2003년 10대 차세대 성장동력사업이 확정되었다. 이는 지능형 로봇, 미래형 자동차, 차세대 반도체, 디지털 TV 및 방송, 차세대 이동통신, 디스플레이, 지능형 홈네트워크, 디지털 콘텐츠, SW 솔루션, 차세대 전지, 바이오 신약 및 장기 등의 분야였다.

주요 정책으로서, 정부는 '과학기술중심사회 구축'을 주요 국정과제의 하나로 제시하고, 2004년 이를 발전시켜 국가혁신체계(NIS) 구축방안을 수립하였다. 2004년 국가과학기술위원회는 국가과학기술 종합

정보 시스템을 구축해 국가 차원의 과학기술 정보에 대한 종합적인 상황판으로 이용하고, 범부처적인 국가연구개발사업의 관리와 과학기술 정보화를 체계적·통일적으로 추진할 목적으로 추진되었다. 그리고 탈추격형 기술혁신 체제로의 전환을 위해서 정부연구개발의 역할에 대한 기대감이 높아졌고, 선진국에서 탐색 및 태동 단계에 있는 신규 연구영역 개척을 위한 기초·원천 연구를 강조하였다. 2005년 8월 '기초연구진흥종합계획(2006~2010)' 수립과 기초과학연구진흥협의회를 신설하여 핵심 기초·원천 연구에 대한 투자와 창의적 연구에 대한 지원을 확대하였다. 마지막으로 2008년 인력양성 실천계획 로드맵을 수립하여 국가경쟁력 강화를 위한 창조적 인재 양성 방안의 추진 틀을 확립하였다.

2004년 과학기술 행정체제를 개편해, 과학기술부 장관을 부총리와 국가과학기술위원회 부위원장으로 격상시켰고 종합 기획·조정·평가 기능을 하는 과학기술혁신본부를 설치하였다. 또한 국가과학기술위원회에 국가연구개발예산의 조정·배분권을 부여하였고, 과학기술계 연구회를 이관하였다.

과학기술 정책 및 연구개발사업의 기획 평가 기능을 강화해 국가연구개발사업을 성과 중심과 혁신으로 평가하는 기반을 마련하였다. 또한 2004년 국가과학기술위원회와 과학기술관계장관회의에서 대형 국가연구개발실용화사업이 확정되어 대형 국가연구개발사업의 성과가 조기에 실용화되도록 집중 지원하도록 하였다. 아울러 평가를 강화하고, 2007년부터 총사업비 500억 원 이상의 신규 대형 연구개발사업에 대한 사전타당성 조사제도를 도입하여 시행하였다.

과학기술 거버넌스 확대를 위해 2001년 「과학기술기본법」에서 행위자들이 적극적으로 개입하는 참여 거버넌스 방식 도입을 시도하였다. 그리고 정부는 지역 기술혁신의 촉진을 위한 노력의 일환으로 지방 주도의 기술혁신과 균형발전 패러다임 정착을 위해 지방의 기술혁신 역량강화를 지원하였다. 이는 지방 대학을 지역발전의 핵심 주체로 육성하고, 지방 과학단지와 지역 혁신 클러스터를 육성하여 산·학·연 간 협력과 연계를 강화하는 정책을 추진한 것이다. 또한 지역혁신시스템(RIS) 개념 도입으로 본격적으로 지역혁신사업들이 추진되었다. 아울러 혁신주도형 경제체제를 육성하기 위해 대덕연구개발특구 등 혁신클러스터 육성정책을 추진하였다. 그리하여 2000년 대덕밸리에 이어 2005년 대덕연구개발특구가 지정되었으며, 같은 해 특구 육성시책 마련을 위한 종합계획을 수립하였다.

이처럼 2000년대에 들어서면서 정부의 정책 중심이 혁신 주체의 역량 구축을 벗어나 혁신체제의 동태성 강화로 옮겨가고 있음을 알 수 있다. 이후 정부는 산·학·연 협력을 강화하기 위하여 여러 정책적 노력을 기울이게 된다.[75]

---

75 이후 정부의 정책기조에 큰 변화는 없었으나 2024년에 윤석열 정부는 R&D 예산을 2023년 30.7조 원보다 13.7%나 줄어든 26.5조 원으로 대폭 삭감함으로써 정부출연연구소, 대학, 기업 등의 연구개발 활동에 혼란을 야기하였다. R&D 투자는 곧바로 회복할 수 있겠지만, R&D 투자의 축적을 회복하는데는 긴 시간이 걸린다. R&D 성과는 R&D 투자의 축적에 영향을 받는다.

2) 지식시스템의 고도화

21세기에 들어서서 한국의 지식시스템은 세계적 수준에 올라선다. 대학은 교육과 연구 분야에서 수월성을 확보하고, 질적·양적으로 성과를 내놓고 있다.[76] 또한 기업과 협력에서도 역할이 계속 증가하고 있는 가운데 지방대학은 지역 혁신 거점의 한 축을 담당하고 있다. 정부출연연구소는 이미 세계적인 경쟁력을 갖추었다고 평가받는다. 대학 수준의 향상과 함께 정부출연연구소의 성과들은 한국의 과학기술을 세계 수준으로 끌어올렸다고 말할 수 있다. 지식시스템은 산업생태계와 상호 작용을 통해 많은 경제적 성과를 내고 있다.

(1) 대학 R&D의 확대

① 대학 R&D

대학 R&D는 2000년 이후 빠르게 확대된다. 국내 대학의 연구논문 발표 건수도 늘어났을 뿐만 아니라 국내 기업들과의 협력도 증가한다. 대학의 연구비 추이를 보면 1990년대 중반 이후 빠르게 증가하고 있는데, 사용 기준 대학의 연구비는 1999년 약 1조 4,000억 원에서 2010년과 2020년에 각각 4조 7,000억 원, 8조 4,000억 원으로 증가하였다. 대학의 연구비는 주로 기업과 정부로부터 확보하는데, 2020년의 경우 기

76 한국의 SCI 논문발표 건수는 2000년 1만 2,471건에서 2020년 7만 6,408건으로 늘어났다.

업과 정부로부터 온 연구비는 각각 1조 2,000억 원, 6조 8,000억 원이었다. 또한 대학의 연구개발 활동이 정부의 지원에 주로 의존하고 있지만 기업과의 협력에 따른 연구개발 활동도 괄목하게 늘어나고 있다. 2000년 이후에 정부는 대학을 연구 중심 대학으로 육성하기 위해 여러 정책을 추진한다. 대학에 대한 정부의 주요 지원 정책을 보면 다음과 같다.

가) BK21사업 두뇌한국21(Brain Korea 21, BK21) 사업은 학문 후속 세대가 학업과 연구에 전념할 수 있도록 대학원생 연구장학금, 신진 연구 인력의 인건비 등을 지원하는 대표적인 석·박사급 인력 양성사업이다. 사업 성과가 두드러지면서 1999년 1단계 사업을 시작하여 2020년 8월 3단계 사업이 종료되자 9월부터 4단계 사업을 시작하였다. 4단계 사업은 2020~2027년(7년) 기간 동안에 추진하고 사업의 기본 방향은 연구경쟁력 강화, 석·박사급 연구 인력 양성, 대학원 교육 및 연구의 내실화, 국가 사회적 필요 분야 연구 인력 양성 등이며, 사업예산은 총 3조 2,000억 원이다.[77]

BK21 4단계 사업은 목적과 내용에 따라 '미래인재양성사업'과 '혁신인재양성사업'으로 나누어 추진한다. 미래인재양성사업은 과학기술 및 인문사회 등 기초 핵심 학문 분야 연구 역량 제고 및 우수 학문 후속 세대 양성을 위한 것이고, 혁신인재양성사업은 혁신성장 선도 신산

77 한국과학재단(https://bk21four.nrf.re.kr/sub01/sub111/list.do).

| 그림 4-4 | 대학 연구비 추이

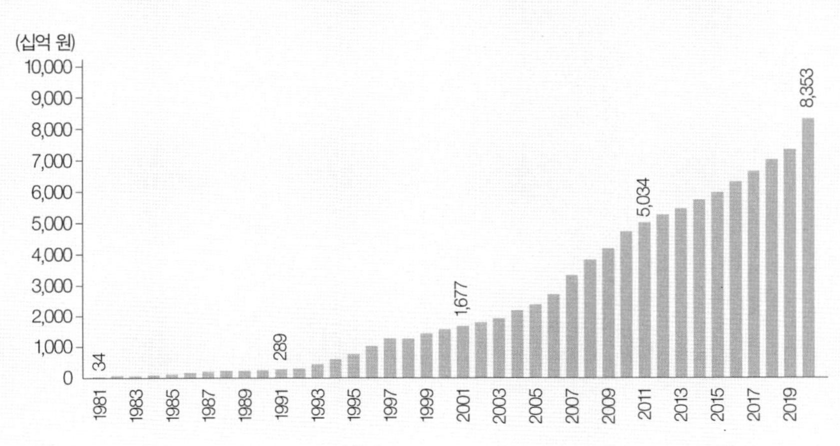

자료: 한국과학기술평가원, 각년호.

업 분야 인재 및 산업·사회 문제 해결 역량을 갖춘 융복합 인재 양성을 위한 것이다. 각 대학은 학과(부) 기반의 교육연구단과 소수의 교수가 참여하는 교육연구팀을 구성하여 해당 사업 분야에 지원하게 된다. 미래인재양성사업에서는 약 194개 내외의 교육연구단, 174개 내외의 교육연구팀을 선정하고, 혁신인재양성사업에서는 207개 내외의 교육연구단을 선정한다. 이에 따라 선정된 교육연구단(팀)에는 대학원생 연구장학금, 신진 연구 인력 인건비, 해외학술대회 참가비 등 국제화 경비, 교육연구단(팀)의 운영비 등을 지원한다.

BK21 사업으로 대학 연구자에게 동기를 부여하고 대학의 연구개발 능력이 많이 신장하였다. 이러한 정부의 지원 정책에 힘입어 국내 대학

| 그림 4-5 | BK21 참여 인력 SCI급 논문 수

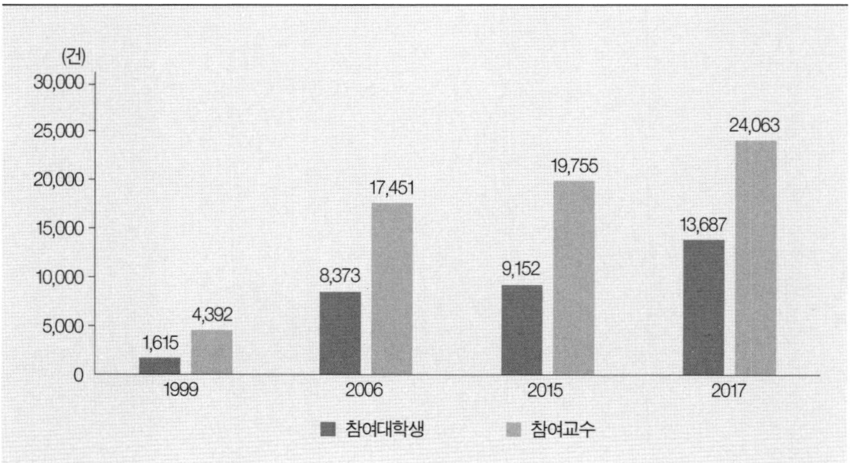

자료: 교육부(https://www.moe.go.kr/main.do?s=moe).

의 SCI급 발표논문 건수도 증가하였으며, BK21 참여교수의 논문 건수는 1999년 약 4,000건에서 2017년 2만 4,000건으로 20여 년 사이에 5.5배가량 늘어났고(〈그림 4-5〉 참조), 임팩트 팩터(Impact factor) 지수도 5.9에서 21.4로 증가하였다.

나) 국가지정연구실(NRL) 국가지정연구실(National Research Laboratory, NRL)은 국가 경쟁력의 요체가 될 핵심 기술 분야의 우수연구실을 발굴·육성하여, 산업의 기반이 되는 핵심 기술을 효과적으로 유지·발전시키고, 국내 산·학·연의 과학기술 자원을 효율적으로 활용할 수 있도록 1999년부터 과학기술부에서 지원해 오고 있는 국가 전략적인 연구개발사업이다. 1999년 140개, 2000년 160개, 2001년 129개, 2002

년 55개, 2003년 54개, 2004년 27개, 2005년 54개 등 선정하여 현재 295개 연구실을 지원 중(출연기관의 108개 NRL사업은 2004년부터 출연기관 고유사업화하고, 산업자원부로 34개 NRL사업을 이관)이다.[78]

국가지정연구실의 선정평가 과정은 3개월 동안 기술제안서 평가(1단계), 연구계획서 평가(2단계), 현장평가(3단계) 절차로 진행되었는데, 평가위원으로서는 2000년도의 경우를 보면 1단계 224명, 2단계 233명 등 많은 각계 전문가들이 기술 분야별로 참여하였으며, 단계별 선정결과 발표 시 평가위원 명단도 공개한 바 있다.

일단 국가지정연구실로 선정되면 2년간 연 3억 원씩의 연구비를 지급하고, 평가 결과 전체 지정연구실 중에서 하위 20%는 지정이 해제되어 탈락되며, 나머지 상위 80%는 추가로 3년간 연 3억 원의 연구비가 계속 지급된다. 지정된 연구실들은 대학, 연구소, 기업체 등에 두루 분산되어 있다.

2010년부터는 NRL 대신 글로벌연구실(Global Research Lab, GRL) 사업이 시행 공고되고 신규과제 사업에 착수하였다. 사업의 목적은 핵심 원천·기초 기술 분야의 심화된 국제협력을 통한 글로벌 협력 네트워크 강화 및 국내 연구역량의 제고이며 지원 규모는 연구실당 매년 최대 5억 원 이내, 지원기간은 3년부터 최장 9년까지 지원, 지원 대상은 해당

78 선정된 연구실은 관련 분야 전문기술세미나 개최, 인터넷을 통한 해당 기술 분야 기술동향 정보제공 및 자문수행, 산·학·연 협력의 거점으로서의 역할수행 등의 다양한 공적 기능도 수행해야 하며 이러한 사항은 국가지정연구실의 매 단계 평가 시 평가 대상이 된다.

분야 전문성이 높고 국제협력 기반이 조성된 또는 조성 잠재력이 큰 단위 연구조직이다.

GRL에 대해 노벨상 수상자 등 우수 해외 연구 주체와의 실질적 심화 단계 공동연구가 가능한 과제를 선별적으로 선정하고 지원하고 있다. 또한 국가 전략적 육성 분야에 대해 국제협력연구의 필요성 및 시급성, 성공 가능성 등을 종합적으로 감안하여 전략적으로 지원 대상 기술 분야를 지정하고 있다.[79]

다) 산학협력선도대학육성사업(LINC 3.0) 정부는 2012년부터 산학협력선도대학육성사업을 시행해 오고 있다. 1단계(2012~2016, LINC), 2단계(2017~2021, LINC+)에 이어 3단계 사업을 시행하고 있다. 정확한 사업명은 3단계 산학연협력 선도대학육성사업(Leaders in Industry-University Cooperation 3.0, LINC 3.0)이며, 사업기간은 2022~2027년(6년=3+3, 2단계)이고, 대학의 책무성 제고를 위해 3년 지원 후 단계평가를 통한 계속지원 여부를 결정한다. 2022년도 사업예산은 3,025억 원이다.

이 사업의 통해 정부는 4차 산업혁명, 질병, 기후 변화 등으로 미래에 대한 불확실성이 증대되는 가운데, 대학이 '혁신 전초기지'로서 새로운 지식·기술 창출에 대한 산업계의 혁신 수요에 능동적으로 대응하

79 아울러 엄정한 단계평가를 실시하여 그 결과에 따라 중도탈락, 차등지원 방안 도입을 추진하며 계속과제에 대해서는 연구비 차등지원, 10년 신규과제는 3년 후 단계평가를 거쳐 하위 20%까지 강제탈락이 가능하였다.

| 표 4-7 | LINC 3.0 사업개요

유형	목적 및 특성	지원 규모
(유형1) 기술혁신선도형	산학연 협력 기술혁신 및 미래가치 창출을 통한 국가경쟁력 제고 선도	총 82,500백만 원/ 교당 5,500백만 원 내외/15개교 내외
(유형2) 수요맞춤성장형	산업계/미래사회 수요 인력양성 고도화 및 기업지원 활성화	총 200,000백만 원/ 교당 4,000백만 원 내외/50개교 내외
(유형3) 협력기반구축형	산학협력 기반 조성 및 대학 산학협력 역량 강화	총 20,000백만 원/ 교당 2,000백만 원 내외/10개교 내외

자료: 한국연구재단(https://www.nrf.re.kr/).

고 지속 가능한 혁신을 지원하기 위하여 대학의 역할을 강화하기로 한다. 링크 3.0은 1~2단계 사업에 이어 그간의 성과를 지속적으로 고도화하고, 대학 산·학·연 협력 모형의 실질적 성장을 유도하여 대학–산업계가 상생 발전하는 산·학·연 협력 생태계 조성을 지원하기 위해 추진한다. 교육부는 링크 3.0사업을 통해 산·학·연 협력 선도국가 도약의 기반이 될 산·학·연 혁신생태계를 구축하고 그간 개발해 온 산·학·연 협력 성장모형의 확산을 통해 미래인재를 양성할 계획이다.

링크 3.0에서는 대학별 특성과 산·학·연 협력 역량에 따라 성과를 극대화할 수 있도록 유형을 구분하여 지원한다. 일반대는 기술기반 산·학·연 협력 활동을 촉진하여 고부가가치를 창출할 수 있는 유형(기술혁신선도형)을 포함하고, 대학들은 자율적으로 대학의 특성과 여건, 산·학·연 협력 역량을 분석·진단하여 가장 적합한 1개의 사업유형을 선택하고 신청해야 하며, 2개 이상의 사업유형에 중복 신청하는 것은 불가능하다.[80]

라) 대학 R&D 능력의 향상과 산학협력의 증대 정부는 다양한 지원을 바탕으로 대학의 R&D 역량을 제고하고 산·학 협력을 강조하고 있다. 실제로 이러한 정책은 기업과 대학의 협력을 증대시키는 결과로 이어지고 있다. 대학과 기업 간의 상호 작용(knowledge flows)은 다양한 공식 비공식 경로를 통하여 일어나는데, 여기에서는 계량화된 지표를 통해 살펴보기로 한다. 연구개발 주체 간의 연구비 흐름은 각 주체 사이에 상호 작용을 나타내 주는 가장 대표적인 지표라 할 수 있다. 연구비의 흐름에 나타나는 상호 작용은 상대 주체의 특정 분야에 대한 기술 수준이 더 높을 때 발생하는 것이 통상적이다.

〈그림 4-6〉에서 보듯이 1985년 기업에서 각 연구개발 주체로 흘러들어간 연구비를 보면 기업→대학, 출연(연) 및 기업으로 흘러간 연구비는 541억 원, 이 중에서 대학으로 간 연구비는 9.1%에 불과하였다. 그러나 대학의 연구 능력이 향상되면서 2010년의 경우 기업에서 타 주체로 간 연구비 6,033억 원 중에서 대학으로 간 연구비가 40.3%로 늘어났다. 2015년에도 기업에서 흘러나온 연구비 1조 6,846억 원에서 37.3%를 차지하였다. 전체적인 경향은 출연(연)과의 협력의 상대적 비중은 감소하고, 대학과 기업 간의 협력은 증가하는 추세를 보이고 있다.

이러한 변화는 1985~2000년 기간 동안 대학의 연구 수준이 높아지면서 기업과의 상호 작용 수준이 높아지고 있음을 반영한 것이다. 반

80 교육부(2012).

| 그림 4-6 | 연구비 흐름: 기업 → 대학, 연구소, 기업

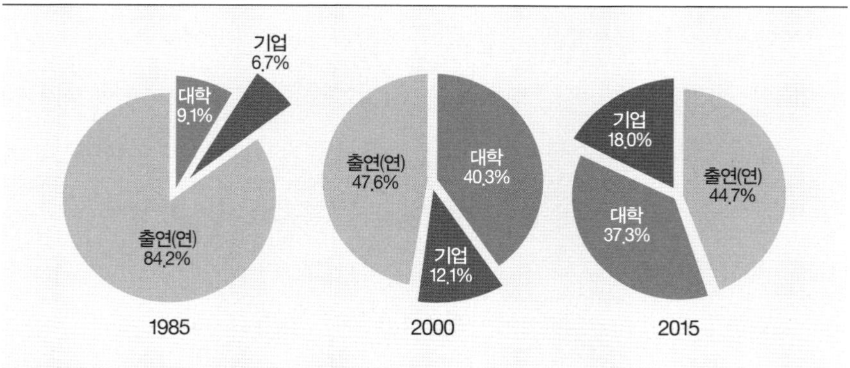

자료: 한국과학기술평가원, 각년호.

면에 정부출연(연)은 정부 R&D의 전략적 접근에 따라 기업과 협력보다는 정부 R&D에 더 집중하고 있기 때문에 기업과 상호 작용 수준이 상대적으로 낮아진 것으로 보인다. 기업과 기업 간의 상호 작용도 증가하는 추세를 보여 대기업과 중소기업 간에 기술협력이 점차 증가하는 것을 볼 수 있다.

(2) 출연(연) 시스템의 변화

2000년 이후 과학기술정책이 중요해지면서 각 부처가 다투어 R&D 정책을 추진하면서 정부의 전략적 R&D 프로그램이 크게 증가하였다. 정부의 이와 같은 정책변화에 맞물려 출연연구소의 위상에도 여러 변화가 있었다.

2000년 이후 과학기술 정책이 중요해지자 각 부처가 다투어 R&D

정책을 추진하면서 정부의 전략적 R&D 프로그램이 증가하였다. 정부의 이와 같은 정책변화에 맞물려 출연연구소의 위상에도 여러 변화가 있었다. 1999년 기초기술, 공공기술, 산업기술 등 3개 연구회 체제가 출범하면서 정부출연연구소는 3개 연구회 산하로 분산 수용하였고 관리부처로는 국무조정실로 일원화하였다. 그 후 2004년 과학기술혁신본부가 만들어지면서 모두 혁신본부로 이관되었다. 이명박 정부 들어서서 2008년 공공기술연구회가 폐지되고 기초기술과 산업기술연구회 2개만 존속하면서 정부출연연구소 역시 2개의 연구회 산하로 편입되었다. 그리고 기초기술연구회는 교육과학기술부로 산업기술연구회는 지식경제부로 소관부처를 옮겼다. 2014년 기초기술연구회와 산업기술연구회를 통합하고 국가과학기술연구회가 출범하면서 이공계 정부출연연구소가 모두 이관되었다. 그리고 2024년 우주항공청이 발족함에 따라 항공우주연구소와 천문연구소가 산하로 이관되었다.[81] 최근에는 전략연구단을 만들어 정부출연연구소 사이의 벽을 허물고 '임무지향적'(mission-oriented) 프로젝트를 중심으로 연구를 수행하려는 정부의 시도가 있다. 그러나 2000년대 이후 잦은 구조조정과 정부의 지나친 간섭은 정부출연연구소의 안정성을 해친다는 지적이 있다. 2000년 이후에 설립된 정부출연연구소를 보면 다음과 같다.

81 국가과학기술연구회(https://www.nst.re.kr/www/contents.do?key=9).

- 2000 국가보안기술연구소(National Security Research Institute, NSRI)
- 2001 한국과학기술정보연구소(Korea Institute of Science and Technology Information, KISTI)
- 2002 한국독성연구소(Korea Institute of Toxicology, KIT)
- 2004 한국극지연구소(Korea Polar Research Institute, KOPRI)
- 2005 국가수리과학연구소(National Institute for Mathematical Sciences, NIMS)
- 2005 국가핵융합연구소(National Fusion Research Institute, NFRI)
- 2007 한국재료연구소(Korea Institute of Materials Science, KIMS)
- 2010 세계김치연구소(World Institute of Kimchi, WIKIM)

정부출연연구소는 발전 과정에서 핵심적인 주체로서 한국의 과학기술 발전을 견인하였다. 2000년 이후 정부출연연구소의 역할에도 많은 변화가 있었다. 즉, 경제가 지식기반 경제로 진입하면서 정부출연연구소는 더 장기적이고 대형 프로젝트, 위험부담이 큰(risk-taking) R&D에 집중하고 있다. 그리고 대학의 연구 능력이 빠르게 신장하면서 기업과의 협력연구의 중심축이 정부출연연구소에서 대학으로 옮겨가고 있는 가운데, 정부출연연구소는 기업이나 대학에서 수행하기 어려운 분야에 집중하고 있다.

| 표 4-8 | 정부출연 연구기관의 역할 변화

시대	산업체제	혁신 주체 역량	기술개발력의 비교분석	출연(연)체제 및 역할
1960년대	• 노동집약적 산업 중심 • 경공업 중심 • 산업기술의 해외 의존	• 산업체, 대학 연구 역량 전무	• 연: 중 • 산, 학: 극소	• KIST 설립 • 기술개발 기반 조성
1970년대	• 자본집약적 산업 중심 • 중화학공업 육성 • 해외 기술의 도입 및 소화	• 산업체, 대학 연구 역량 거의 없음	• 연: 중 • 산, 학: 극소	• 다수의 전문 정부출연(연) 설립 • 정부출연(연): 도입 기술의 소화 개량
1980년대	• 기술집약적 산업 중심 • 내수산업의 성장 • 개량 및 자체 기술개발	• 기업부설연구소 설립 확대 • 대학의 연구 능력 확대	• 연: 중 • 산, 학: 소	• 정부출연(연)은 응용 연구에 주력
1990년대	• 기술집약 단계로 전환 • 국제경쟁력 확보 • 첨단기술 개발 활성화	• 산업체의 기술개발력 급성장 • 대학의 연구 능력 확충	• 산: 대 • 연: 대 • 학: 소	• 정부출연(연)은 역할 재정립 및 기능의 활성화
2000년 이후	• 지식집약화 단계 • 서비스 및 정보산업 확대 • 지식생산 · 보급	• 산 · 학 · 연 혁신 역량 발전 → 산 · 학 · 연 협력 증대	• 산: 대 • 학: 대 • 연: 대	• 정보 · 지식산업의 성장 • 시간 · 공간적 가치의 재창출 • 지식기반 연구 확대

자료: 과학기술정책연구원(2002)을 수정.

3) 산업생태계의 지식기반화

새천년이 시작한 이후 정부의 과감한 투자 덕분에 초고속 정보통신망 서비스가 시작하고 모든 사회 구성요소의 '연결망'(connectedness)이 획기적으로 발전하면서 한국 경제는 디지털화해 나간다. 이는 경제 사회 모든 부문에서 혁명적인 변화를 초래하였다. 정보혁명으로 주어진 기회에 적극적으로 대응하여 정부의 과감한 정보통신 인프라 투자와 기업의 정보기술기반 혁신에 힘입어 한국 경제는 새로운 차원으로 도약하였다. 2000년대에 들어서서 정보통신 산업이 국내 경제에서 차지하는 비중이 크게 높아지고 정보통신기술을 바탕으로 한 벤처기업들이 붐을 이루었다. 정보통신기술이 전 산업으로 확산하면서 모든 산업에서 과학기술기반 혁신이 활발하게 일어나게 되었다. 과거에 자본투자에만 의존하던 산업기반 혁신은 더 이상 찾아보기 어렵게 되었고 모든 산업 분야에서 기업의 혁신은 과학기술기반 위에서 가능해졌다. 한국 경제가 지식기반 경제로 진입하게 된 것이다. 이에 따라 정부의 정책도 전통적인 산업정책이 사라지고 과학기술에 중심을 두고 혁신을 지향하는 정책이 부처별로 추진되고 있다.

2000년 이후 과학기술혁신 정책과 국가혁신 체제 구축이 국정 운영의 핵심으로 등장하였다. 정부 정책은 각 혁신 주체의 상호 작용 증대, 각 주체로부터 '스핀오프'(spin-off) 하는 벤처기업 육성, 혁신친화적 환경 조성을 강조하고 있다. 이러한 것은 과학기술 혁신에 기반하여 지속가능한 성장을 추구하는 동시에, 지역 혁신 클러스터 개발로 국가균형발전을 도모하는 것으로 정책의 중심이 바뀌어 나간다. 다시 말해, 과거 정부가 혁신 주체의 혁신 능력 구축에 직접 개입하던 것에서 벗어나 혁신 주체끼리 활발하게 상호 작용할 수 있도록 지원하는 것으로 역할을 바꾸어 나간다. 2020년 이후 한국은 글로벌혁신지수(GII) 기준으로 세계 10대 혁신국가군에 속함으로써 혁신선도국가 중의 하나가 되었다.[82]

다음에서 디지털 경제에 관해 살펴보고, '혁신시스템의 꽃'이라 할 수 있는 과학기술기반 벤처창업에 대해 알아보기로 한다. 그리고 혁신 시스템의 동태성을 높이는 데 효과적인 정책 수단이라 할 수 있는 테크노파크와 혁신 클러스터에 대해서도 살펴본다.

(1) 디지털 경제

1980년대 전전자교환기(TDX) 개발에 성공한 전자통신연구소(ETRI)는 이동통신 시스템 개발을 시도한다. 기술력의 한계를 느낀 ETRI는 미국의 벤처기업 퀄컴으로부터 코드분할다중접속(CDMA) 시스템의 원천기술을 들여와 1996년 상용화에 성공한다.[83] 이는 1990년대에 보급되기 시작한 개인용 컴퓨터와 함께 광범위하게 진행된 정보혁명에 편승할 기회를 제공한다. 한국의 정보통신산업은 1990년대 들어 빠른 성장세를 보였다.

김영삼 정부(1994~1998)는 1994년에 체신부를 정보통신부로 개편하였다. 정보통신부는 1995년 「정보화촉진기본법」을 제정하고 '초고속정보통신망 구축사업(1995~2015)'을 세 단계로 나누어 추진하였다.[84] 1998년 7월에는 초고속 인터넷 서비스의 상용화가 시작하였고, 이를 계기

82 WIPO(https://www.wipo.int).

83 당시 유럽에서는 시분할다중접속(TDMA) 시스템이 상용 서비스를 앞두고 있었는데, ETRI의 검토 결과, CDMA가 더 우수한 통신시스템으로 판명이 났다. 한국은 세계 최초 CDMA 상용화 성공을 계기로 이동통신기술 후진국에서 단숨에 기술 선진국으로 도약하게 되었다.

84 1997년에 갑자기 찾아온 외환위기로 통신망 구축사업 추진이 쉽지 않았으나 다른 인프라 건설과 병행하면서 비용을 절약하였다. 집중적인 투자에 따라 망구축사업은 2005년에 조기 종료하였다.

로 사회 전반에 걸쳐 정보화를 촉진하였다. 1998년 ETRI와 국내 통신업체로 구성한 컨소시엄은 '초고속정보통신망 구축사업'의 하나로, 핵심 장비인 ATM(asynchronous transfer mode) 교환기를 개발해 정보고속도로 구축을 앞당기는 데 기여하였다. ATM 교환기 개발은 일본, 프랑스, 미국, 독일, 스웨덴, 캐나다에 이어 세계에서 일곱 번째였으며, 한국에서 개발한 ATM 교환기는 다양한 종류의 트래픽을 수용하고 고속 데이터 교환 등을 지원하였다. 그리고 2003년에는 유무선 종합 멀티미디어 서비스 제공이 가능한 IMT-2000(International Mobile Telecommunication-2000)을 ETRI 컨소시엄이 개발에 성공하고, 통신사들이 상용 서비스를 개시함으로써 차세대 이동통신이 현실화하기 시작하였다.[85] 이에 따라 초고속 인터넷에 가입한 가구 수가 2000년 400만 가구에서 2005년 1,350만 가구로 증가하였고, 서비스 속도도 2001년 2Mbps급 수준에서 20Mbps급으로 높아져 인터넷으로도 HDTV 수준의 고화질 동영상을 즐길 수 있게 되었다. 2011년에는 4G 이동통신(LTE) 서비스가 상용화되었고, 2019년에는 5G 이동통신 서비스를 세계 최초로 개통하였다.[86]

85 IMT-2000은 'International Mobile Telecommunications-2000'의 준말로, 국제전기통신연합이 정의한 3G 이동통신의 국제표준이다. 한국은 2002년 한일 월드컵 개막식 행사에서 비동기 IMT-2000으로 불렸던 3G 광대역 코드분할다중접속(WCDMA) 서비스를 시연함으로써 한국의 IT 기술과 인프라의 우수성을 세계에 알린 계기가 되었다(ETRI, https://www.etri.re.kr/45th/sub05_11.html).

86 5G 통신 서비스가 상용화되면 스마트시티 스마트공장, 자율주행차, 로봇·드론, 스마트헬스케어 등 다양한 분야에서 비즈니스 모델이 나타날 수 있다.

정보통신 인프라를 기반으로 전통적인 경제구조를 인터넷 중심으로 변혁시키는 이른바 디지털 경제(digital economy)가 범국가적으로 추진되기 시작하였다. 디지털 경제는 디지털 기술과 인터넷의 발전으로 형성되는 경제시스템을 의미한다. 이는 전통적인 산업구조를 디지털 기술과 인터넷을 기반으로 한 새로운 비즈니스 모델로 변화시키는 것이다. 정보통신기술과 인터넷을 통해 새로운 비즈니스 모델, 새로운 시장 플랫폼 등이 출현하고 있으며, 생산·유통·소비 방식뿐만 아니라 사무실 업무, 일상생활, 공공 서비스를 포함한 경제·사회 전반에 혁명적인 변화를 가져왔다.

정보통신부는 정보통신 분야의 산업이 형성되면서 이를 하나의 산업으로 묶어 취급하게 된다. 정보통신산업은 크게 나누어 정보통신방송기기, 정보통신 서비스, S/W 및 디지털 콘텐츠로 분류한다. 정보통신방송기기는 전자부품,[87] 컴퓨터 및 주변기기, 영상음향기기, 정보통신 응용기반기기(가정용·사무용·의료용·측정제어 기기 등)를 포함한다. 그리고 정보통신 서비스는 통신 서비스, 방송 서비스, 정보 서비스 등을 포함하며, S/W 및 디지털 콘텐츠는 패키지 S/W, 게임 S/W, IT 서비스, 디지털 콘텐츠 개발 및 제작 등을 포함한다. 여기에서 정보통신방송기기를 제외하고 나머지는 3차 산업 영역으로 정보화에 따라 생겨난 신산업이다.

87 반도체, 평판디스플레이, 센서, PCB(printed circuit board) 등을 포함한다.

| 그림 4-7 | 정보통신산업의 대 GDP 비중

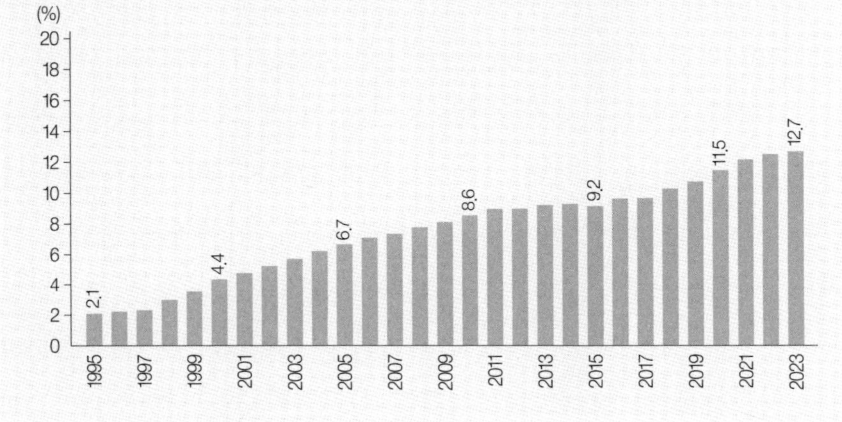

주: 실질 기준.
자료: 한국은행 경제통계시스템(https://ecos.bok.or.kr/#/).

정보통신산업이 빠르게 발전하면서 GDP에서 차지하는 비중도 높아져, 1995년 대GDP 비중이 2.1%였는데 2000년에 4.4%, 2010년에 8.6% 그리고 2018년 이후 10% 넘는 모습을 보여 주고 있다(〈그림 4-7〉 참조). 정보통신산업 전체의 부가가치 생산액은 1999년 약 297억 원에서 2023년 2,543억 원으로 연평균 9.8% 증가하였고, 수출액은 2000년 약 25조 원에서 2023년 323조 원으로 연평균 12.3% 증가하였다(실질 기준). 이는 동기간 경제성장률(3.4%)과 총수출 증가율(7.0%)보다 높은 증가세를 보여 주는 것이다. 한국의 정보통신산업은 H/W 비중이 매우 높다는 특징을 보여 주고 있다.

정보통신망 서비스가 보급되면서 정보통신을 중심으로 한 첨단기술산업의 발전은 한국 제조업의 경쟁구조를 변화시켰고, 한국 산업에 새로운 이정표를 제시해 주는 역할을 하였다. 경제가 디지털화하면 후발기업의 모방·추격이 아날로그 시대보다 쉬워진다.[88] 따라서 선발기업은 경쟁력을 유지하기 위해 더욱더 혁신에 의존하게 된다. 정보통신망이 발전한 지식기반 경제에서는 과학적 지식, 혁신 기회, 자원 등에 접근이 쉬워지고, 이러한 점은 새로운 비즈니스와 창업기업의 출현을 촉진한다. 한국 경제가 2000년대에 들어서자, 정보통신의 발전으로 전자상거래, e비즈니스 등을 포함하여 폭발적인 벤처창업이 뒤따랐다. 디지털화·정보화를 바탕으로 한국 경제는 지식기반 경제로 진입한다.[89]

(2) 벤처창업

한국에서 벤처기업이 처음 등장한 것은 1980년대 초라고 지적하고 있으나, 벤처기업이 하나의 집단을 형성하기 시작한 것은 이보다 훨씬 늦은 1995년 무렵으로 평가하고 있다.[90] 1980년대를 거쳐 1990년대 중반

88 아날로그 시대에는 제품·공정이 복잡해질수록 학습곡선(learning curve)이 길어지나, 디지털화하면 짧아지는 경향이 있다.

89 지식기반 경제에서는 지식의 생산, 보유, 확산, 활용이 경제적 가치를 창출하는 핵심 요소이다. 즉, 지식기반 경제에서 가장 중요한 자원은 지식이다.

90 한국 경제에서 1980년대까지만 해도 벤처란 용어조차 생소하였으며, 벤처기업이 성장할 수 있는 산업구조나 환경은 거의 전무한 상태였다고 할 수 있다. 다만 당시 기술집약형 중소기업으로 불렸던 벤처기업이 하나둘씩 출현한 1980년대 이후를 한국 벤처의 태동기라고 할 수 있다. 이 시기에 정부는 벤처를 포함한 중소기업의 발전을 지원하기 위한 정책적 기초를 만들어 나갔다. 1980년대 중반 이후 정부는 중소기업 특유의 유연성을 바탕으로 한 첨단기술력의 중요성과 지방에 다수 산재해 있는 중소기업들의 성장을 통한 지역적 균형발전에 관심을 갖기 시작하면서 그동안의 대기업 위주의 정책으로부터 벗어나서 창업기업에 대한 지원 정책을 추진하기 시작하였다. 이러한 배경에서 1986년 4월 「중소기업창업지원법」이, 12월에는 「신기술사업 금융지원에 관한 법률」이 제정되어 벤처캐피

에 이르기까지 간헐적으로 벤처기업들이 출현하였으나, 이를 뒷받침할 제도적, 정책적 기반이 미비하였다. 그러던 중 1995년 12월 사단법인 벤처기업협회가 탄생하였고, 1996년 7월 벤처 투자회수시장으로서의 코스닥시장(협회중개시장)을 설립하였다. 이어서 1997년 2월 중소기업청이 '벤처기업 창업활성화 종합대책'을 수립함으로써 정부의 벤처기업 육성정책의 기본 틀을 마련하였다. 1997년 8월에는 「벤처기업육성에 관한 특별조치법」의 제정을 계기로 한국 벤처 발전의 기반이 구축되었고, 외환위기를 극복해 나가는 과정에서 벤처기업의 활성화가 본격적으로 시작한다. 당시 새로운 벤처기업인들이 대거 출현하게 되었는데, 이들을 벤처 1세대라고 한다.

벤처기업 기반 구축에서 가장 획기적인 것은 벤처 투자자금의 회수시장으로서 코스닥시장을 설립한 것이라 할 수 있다. 영세성으로 인하여 현실적으로 증권거래소 시장을 이용하기 어려운 중소 벤처기업들이 증권시장에서 자금을 조달할 수 있도록 지원할 필요성이 대두하였다. 1986년 12월 24일 정부는 '중소기업 등의 주식거래 활성화를 위한 시장

탈의 설립 및 벤처기업을 지원할 수 있는 법과 제도 등 정책적인 수단이 처음 도입되었다. 그럼에도 불구하고 당시 벤처기업은 하나의 가능성으로 주목을 받았을 뿐 확실한 미래 경제의 대안은 아니었던 것으로 판단된다. 한편, 한국 최초의 벤처캐피탈회사로는 1974년에 설립된 한국기술진흥주식회사(KTAC)를 들 수 있다. 이후 정부와 산업계는 기술개발의 필요성을 더욱 절감하여 한국기술개발주식회사(KTDC)를 1981년 4월 특별법에 의해 설립하였다. 이어서 국내의 투자금융회사와 국제금융공사(IFC), ADB 등이 공동으로 출자하여 1982년 12월에 벤처캐피탈회사인 한국개발투자주식회사(KTFC)를 설립함으로써 국내 벤처캐피탈 업계는 어느 정도 활기를 띠게 되었다. 그러나 한국에서 본격적인 벤처캐피탈의 활동은 1986년 4월에 제정된 「중소기업창업지원법」에 의해 설립된 창업투자회사들이 영업을 개시한 이후라고 할 수 있다.

조직화 방안'을 발표하고, 1991년 10월 고객과 증권회사 간, 증권회사 상호 간 상대매매를 중개하기 위한 '주식장외거래 중개실'을 설치하였다. 이를 바탕으로 1996년 7월에 전자주문 체결 시스템을 이용한 경쟁매매 방식을 채택한 코스닥시장을 설립하였다. 이후 코스닥시장은 증권거래법 제172조의 2 및 제172조의 3의 규정에 따라 제2의 증권시장으로서 증권업협회가 운영하게 되었다. 코스닥시장은 고부가가치 산업인 지식기반 중소벤처기업에게 장기적이며 안정적인 자금을 공급하는 한편, 투자자에게는 고위험 고수익(high-risk high-return) 투자기회를 제공하기 위한 자본조달과 투자의 장으로 역할을 하게 되었다. 코스닥시장은 탄생한 지 불과 2년여 만에 13배로 팽창하였고 1999년 코스닥 거래량은 50조 원을 돌파한 후 성공적으로 정착되었다.

2021년 말 현재 코스닥시장의 상장회사는 1,468개이며, 시가총액은 약 386조 원이다. 연간 거래량은 4,046억 5,000만 주, 거래액은 약 2,682조 원에 달한다. 코스닥시장의 성장과 함께 벤처창업과 투자 열기가 고조되면서 1998년 67개 사였던 창업투자회사는 2023년 현재 246개이며 펀드 규모는 약 48조 원에 달하고, 이로부터 투자를 받은 회사는 2,281개, 금액으로는 약 540억 원이다.[91]

1998년 특별법 시행 첫해 2,042개이던 벤처기업 수가 3년 만인 2001년 1만 1,392개까지 증가하였다. 그 후 2000년대 초 닷컴 벤처의 퇴조

91 벤처투자종합포털(https://www.vcs.go.kr).

| 그림 4-8 | 벤처기업 수

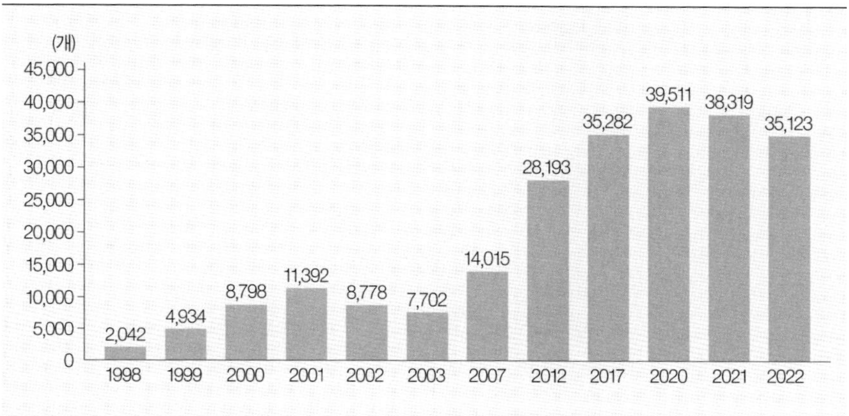

자료: (사)벤처기업협회(https://venture.or.kr/#/home/home-main).

에 따라 벤처기업 수가 감소하였으나 2000년대 중반 이후 벤처생태계 조성을 목적으로 한 정부의 벤처정책에 힘입어 증가세로 돌아섰고, 2020년에는 벤처기업 수가 4만 개에 육박하기도 하였다(〈그림 4-8〉 참조). 벤처기업 중에는 시장가치가 매우 높은 것들이 있는데 이들을 유니콘 기업이라고 한다. 미국의 CB Insight는 시장가치가 10억 달러 이상이고 창업 10년 이내인 비상장기업을 유니콘 기업이라고 하는데, 이 기준에 따르면 2023년 1월 기준 한국의 유니콘 기업은 14개였으며, 한국은 유니콘 기업 보유 수 기준으로 세계 10위에 해당한다(〈표 4-9〉 참조). 중소벤처기업부의 기준(연간 매출 1조 원 이상)에 따르면, 8개사가 추가되어 한국이 보유하고 있는 유니콘 기업 수는 2023년 기준 22개사에 달한다.

| 표 4-9 | 국가별 유니콘 기업 수

순위	국가명	유니콘 수(개사)	비중(%)
1	미국	651	54.1
2	중국	172	14.3
3	인도	70	5.8
4	영국	49	4.1
5	독일	29	2.4
6	프랑스	25	2.1
7	이스라엘	23	1.9
8	캐나다	20	1.7
9	브라질	16	1.3
10	한국	14	1.2

주: 2023. 1 기준.
자료: 중소벤처기업부(https://www.mss.go.kr), CB Insights(https://www.cbinsights.com/).

한국의 벤처창업이 짧은 기간 내에 빠른 속도로 성장하게 된 주요 요인은 다음과 같다. 첫째, 외환위기에 따른 대기업의 도산과 구조조정 과정에서 우수인력과 자원이 벤처기업으로 유입될 수 있는 환경이 조성되었다. 둘째, 국내에 초고속 인터넷 등 정보통신 기반이 잘 구축되었고, 국내 과학기술 수준이 높아졌다. 셋째, 코스닥시장 설치, 벤처캐피탈 활성화 등 정부의 벤처기업 육성정책 추진 등을 꼽을 수 있다. 벤처기업의 활성화는 지식기반 경제 시대에 한국 경제의 활력을 불어넣고 있으며 새로운 성장동력으로 인식하고 있다. 중소벤처기업부에 따르면, 2021년 말 기준 제조업 창업기업(업력 7년 이하) 수는 약 27만 개, 종사자 수는 85만 명, 매출액은 171조 원이었다. 정보통신산업 창업기업 수는 약 12만 개, 종사자 수는 27만 명, 매출액은 31조 원이었다.[92]

(3) 테크노파크

정부는 각 시·도 지역에 테크노파크를 조성하여 '스타트업'(start-up) 육성을 지원하고 있다. 테크노파크는 지역 단위의 산·학·연·관 등 지역 혁신기관 간에 유기적인 네트워크를 구축하여 지역 특성에 맞는 지식기반 강소기업을 발굴, 육성하기 위한 지역 거점 역할을 한다. 테크노파크의 주요 기능은 우선 지역산업 육성전략 및 정책을 기획하는 것이다. 그리고 지역산업 육성전략에 따라 스타트업을 유치하고 첨단장비, 생산 및 시험장비 등의 공동이용 기회를 제공하며, 기업 입주공간 및 비즈니스 컨설팅 제공, 산·학·연 공동 연구개발 지원, 기술거래·이전 활성화 등 창업기업의 시장 안착을 위한 종합적인 지원을 하는 기관이다. 현재 테크노파크는 각 시·도 지역에 19개가 설립되어 운영 중이다.[93]

테크노파크의 가장 중요한 기능은 기술기반 스타트업의 인큐베이팅이다. 인큐베이팅이란 새로운 혁신적인 비즈니스 아이디어나 모델을 가진 스타트업을 유치하여 시장에 순조롭게 진입할 수 있도록 도와주는 것이다. 여러 가지 평가 절차를 거쳐 유치한 스타트업에게 입주공간을 제공하고, 경영 자문, 마케팅, 금융, 비즈니스 플랜 등을 지원하며,

---

92 동년 전체 창업기업 수는 약 455만 개로 중소기업 전체 771만 개의 59.0%를 차지하였고, 창업기업의 전체 종사자 수는 약 732만 명, 매출액은 1,109조 원이었다(중소벤처기업부, https://www.mss.go.kr).

93 테크노파크 대부분은 정부와 지자체의 정책에 따라 설립, 운영되고 있으나 충남 테크노파크의 경우 개인의 노력으로 초석이 만들어지고 후에 정부의 정책적 지원을 받아 테크노파크로 출범하였다. 이러한 것은 원주 테크노밸리의 형성기에도 해당한다.

| 그림 4-9 | 테크노파크의 비즈니스 인큐베이팅

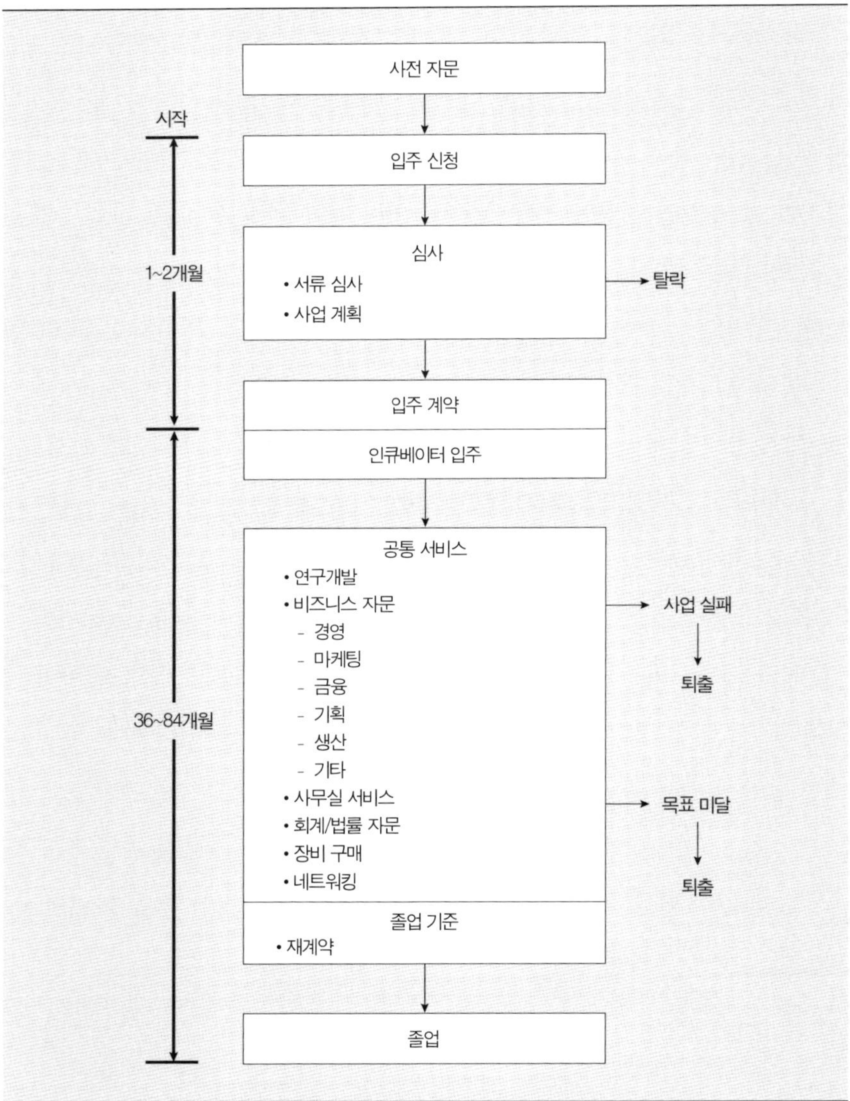

자료: Shin and Vilamovska(2016).

연구개발 및 생산 장비 등을 대여한다. 그 밖에 지역적으로 혁신 주체의 네트워킹을 통해 혁신적 기업이 탄생할 수 있도록 지원한다. 통상적으로 유치된 스타트업은 3년간 입주할 수 있도록 하는데, 성과가 좋으면 최대 7년까지 테크노파크에 입주하여 지원받을 수 있다(〈그림 4-9〉 참조).

테크노파크 출범 20주년 기념백서에 따르면,[94] 2017년 말 현재 18개 테크노파크의 입주기업은 총 2,256개, 입주기업 고용인원은 1만 9,674명, 입주기업의 총매출은 17조 6,031억 원에 달한다.[95]

(4) 혁신 클러스터

혁신 클러스터(innovation cluster)란 지식생산조직과 기업, 전후방 연관산업, 관련(지원) 기관이 집적해 있는 곳에서 네트워킹을 통해 혁신시스템의 동태성을 강화하고 경쟁우위를 확보한 지역을 의미한다. 구체적으로 대학이나 연구기관, 기업 그리고 기업의 생산과 경영을 돕는 벤처캐피털이나 컨설팅기관이 인접해 있어서 이들 간의 정보와 지식의 공유를 통해 지속해서 혁신이 일어나고, 기업의 경쟁력 향상이 기대되는 것으로 혁신 관련 요소들이 지역적으로 집적해 있는 것이다.[96] 혁신 클러

94 세종 테크노파크는 2019년에 설립되었다.
95 중소벤처기업부·한국테크노파크진흥회(2017).
96 클러스터는 부가가치를 창출하는 생산 사슬에서 주요 기능에 따라서 생산 클러스터, 판매 및 서비스 클러스터, R&D 클러스터, 그리고 가치사슬의 전반적인 기능을 혼합하여 수행하는 혁신 클러스터 등으로 분류할 수 있으며, 지식 활동의 특성에 따라서 자기창출형, 지식강화형, 지식흡수형, 자족형 클러스터로 구분되기도 한다. OECD는 대학, 공공연구

스터는 지식기반경제 시대에 지역뿐만 아니라 국민경제의 성장 측면에서도 중요한 수단으로 부상하고 있기 때문에 중요해지고 있다.

혁신 클러스터는 정부가 주도하여 조성하거나 민간 부문에서 자생적으로 조성되기도 한다.[97] 한국의 혁신 클러스터는 미국과 같이 지식기관을 중심으로 혁신 클러스터가 민간 주도로 형성되는 것이 아니라 대부분 정부의 정책 목표에 따라 조성되고 육성되고 있다.[98] 시간이 지나면서 혁신 클러스터는 국내 산업의 핵심축의 하나로서 역할을 담당해 나가고 있다.

정부는 2000년대 들어서면서 정책 지원을 통해 혁신 클러스터를 적극적으로 육성하기 시작하였다. 2005년에 대덕연구단지를 대덕연구개발특구로 전환한 것을 비롯해, 첨단의료복합단지(2005), 국가식품클러스터(2009), 국제과학비지니스벨트(2009), AI 클러스터(2023)를 조성하고 있다. 그리고 14개 광역시도에 국가혁신클러스터 육성(2018)을 하기로 하고 강소특구(2019)를 지정하였다(〈표 4-10〉 참조). 이들은 중앙정부 주

기관, 컨설팅회사, 지식집약 사업 서비스회사, 브로커 등 지식을 취급하는 조직을 클러스터의 혁신 주체에 명시적으로 포함하는 클러스터를 혁신 클러스터라고 정의하고 기존의 보편화된 생산 사슬에 치우친 클러스터와 구분하였다(OECD, 1999).

97 미국과 같은 나라는 자생적으로 형성된 혁신 클러스터가 많다. 대표적인 것이 실리콘밸리이다. 실리콘밸리는 스탠퍼드 대학교를 중심으로 과학기술기반 '스핀오프'(spin-off)들이 성공적으로 군집하면서 형성되었다. 미국의 유니콘 기업의 상위 100개 기업 중 53개가 실리콘밸리에 입주하고 있는 것으로 알려졌다(임종빈 외, 2022).

98 원주의료기기테크노밸리와 같이 민간에서 자생적으로 시작한 곳도 있으나 재정 투입 등의 필요에 따라 정부 개입이 요구되어 결국 정부가 맡아 조성하는 경우도 있다. 원주 연세대학교 윤형로 교수의 구상을 바탕으로 원주시와 연세대학교가 의료기기 산업을 육성하기 위해 창업보육센터를 만들었다. 성과가 나타나기 시작하면서 중앙정부의 지원이 가능해졌다.

도로 조성되는 혁신 클러스터로서 정부의 전략과 정책 목적에 부합하는 특성 또는 산업을 중심으로 전문화한 형태로 형성되고 있다. 이들 혁신 클러스터는 서울, 대덕, 대구 등 여러 지역에 분포하고 식품에서부터 의료, AI에 이르기까지 다양한 전문 분야에 특화하는 형태로 조성되

| 표 4-10 | 중앙정부 주도 혁신 클러스터

구분	주요 내용
연구개발특구	근거: 연구개발특구의 육성에 관한 특별법 목적: 연구개발특구를 혁신 클러스터로 육성하여 지식재산 창출과 사업화 촉진으로 국가 성장동력 창출 지정: 대덕(1973), 광주·대구(2011), 부산(2012), 전북(2015)
강소특구	근거: 연구개발특구의 육성에 관한 특별법 개정(2018) 목적: 소규모·고밀도 집약공간을 과기부가 R&D 특구로 지정·육성 지정: 서울(홍릉) 등 12개 지역
첨단의료 복합단지	근거: 첨단의료복합단지 육성에 관한 특별법 목적: 의료산업의 첨단화를 통해 국내 의료산업의 경쟁력 강화 및 미래 유망산업으로 육성 지정: 대구·경북(합성신약 및 IT 기반 의료기기), 충북 오송(바이오신약 및 BT 기반 의료기기)
국가식품 클러스터	근거: 식품산업진흥법 목적: 농어업 발전을 견인하기 위해 식품산업 인프라 강화 지정: 전라북도 익산(식품 전문산업단지) 내 약 70만 평
국제과학 비지니스 벨트	근거: 국제과학비즈니스벨트 조성 및 지원에 관한 특별법 목적: 세계적인 수준의 기초연구와 비즈니스가 융합될 수 있는 기반 구축 지역: 대전시(거점지구), 세종, 청주, 천안(기능지구)
AI 클러스터	근거: 인공지능집적단지 조성사업(과기정통부) 목적: 세계수준 국가 인공지능혁신 거점 조성 지정: 광주광역시 광주과기원(GIST) 일대
국가혁신 클러스터	근거: 균형발전특별법 개정(2018) 목적: 혁신도시 자족여건 개선 지정: 비수도권 14개 광역시도

자료: 임덕순 외(2022), 임종빈 외(2022)에서 수정.

고 있다. 정부사업은 재정지원에 주로 의존하고 있으므로 자생력을 갖춘 혁신 클러스터로 성장하는 것이 중요하다.

자생력이란 혁신 클러스터의 구성요소가 스스로 경쟁력을 확보하고 지속가능한 혁신생태계를 구축하는 것을 의미한다. 자연 발생적으로 형성된 혁신 클러스터는 혁신 활동의 유연성이 크고 성장 과정에서 경쟁력 있는 혁신생태계를 갖추게 되지만, 정부 정책에 의해 조성된 혁신 클러스터는 모든 요소를 갖추는 과정에서 법·제도에 구속되기 마련이다. 따라서 정부 주도의 혁신 클러스터는 단시간에 자생력 확보가 어려울 수 있다. 국내외적으로 지식, 문화, 자금, 인력이 풍부한 도시 안에 있는 혁신 클러스터가 경쟁력이 높은 현상을 보여 주고 있다. 정부가 혁신 클러스터를 조성할 때 지역 선정은 매우 중요하다. 한편, 세계지적재산기구(WIPO)에 따르면, 세계 100대 '과학기술 클러스터'(S&T cluster)에 한국의 4개 도시가 포함되어 있다. 2023년 기준으로 서울(3위), 대전(18위), 부산(74위), 대구(91위) 등이 포함되었다.[99] 이에 비추어 볼 때, 서울, 대전, 부산, 대구 등지에 형성되는 혁신 클러스터는 발전의 여지가 큰 편이라 할 수 있다.

지방정부도 혁신 클러스터를 육성하기 위해 적극적으로 나서고 있다. 지방정부 주도 혁신 클러스터 중 대표적인 성공사례로서 '판교테크

99 100대 클러스터를 보유한 나라의 순위를 보면, 미국(21개), 중국(21개), 독일(10개), 일본(5개), 한국(4개) 등이다. 한국은 프랑스, 캐나다, 인도와 함께 4위에 해당한다(WIPO, https://www.wipo.int).

노밸리', '서울디지털산업단지'(G-벨리) 등을 꼽을 수 있다. 서울과 근접하여 뛰어난 입지조건을 가진 판교테크노밸리는 기업들을 유치하여 혁신 클러스터로 성공적으로 정착한 경우이다. 현재 제1, 2지구가 운영 중이며 제3지구를 건설하여 확장할 계획에 있다. 여기에는 현재 카카오, 넥슨, 엔씨소프트 등 IT 기업과 SK바이오팜, SK케미칼, 차병원그룹 등 BT 기업 그리고 한화에어로스페이스, LIG넥스원 등 방위사업체가 입주해 있다. 대기업과 중소벤처기업 합해서 1,600개 이상의 기업이 입주해 있다. 한편, 낙후된 산업단지를 리모델링하여 성공적으로 혁신 클러스터로 변모한 경우로서 서울디지털산업단지(G-벨리)가 있다. 60년대 가발 수출로 유명하였던 구로수출공단이 첨단기술 기업이 입주해

|표 4-11| 지방정부 주도 혁신 클러스터

구분	주요 내용
상암 디지털미디어시티 (DMC)	근거: 택지개발촉진법(택지개발사업지구) 상암택지개발사업 목적: 세계 최초, 최첨단 디지털기술의 집적지, 21세기형 도시혁신의 실험장 지정: 상암새천년신도시 택지개발지구 내
서울디지털 산업단지(G-벨리)	근거: 60년대 구로수출공단을 리모델링 목적: 지역기술핵심기관을 중심으로 소규모 고밀도 집약공간을 과기부가 R&D 특구로 지정, 육성 지정: 서울디지털산업단지(2000)
판교테크노벨리	근거: 택지개발촉진법(택지개발사업지구) 목적: IT, BT 및 R&D 융·복합분야 기업육성 지정: 판교신도시 택지개발지구, 도시시설지원용지
송도 바이오 클러스터	근거: 경제자유구역의 지정 및 운영에 관한 특별법, 송도국제도시 조성법 목적: 바이오의약 공정지원 분야, 글로벌 기업 유치로 안정적 수급기반 구축 지정: 인천시

자료: 임덕순 외(2022)에서 수정.

있는 단지로 변신한 것이다. 여기에는 약 13,000개 IT 기업(주로 중소벤처기업)이 입주해 있다.

다른 한편, 국내 산업단지는 자동차, 기계, 전자 등 주력 제조업의 집적지로서 산업화와 경제성장을 견인해 왔으나,[100] 지식기반경제의 흐름에 맞추어 R&D 역량, 산·학·연 연계 등 혁신 역량을 강화하여 '지식과 혁신'이 선순환되는 혁신 클러스터로 육성 추진할 필요성이 제기되었다. 정부는 2005년 7개의 시범단지인 창원(기계), 구미(전자), 울산(자동차), 반월·시화(부품소재), 광주(광산업), 원주(의료기기), 군산(기계·자동차부품)을 대상으로 산업단지를 혁신 클러스터로 전환하는 사업을 시작하였다. 2007년에는 인천 남동(부품소재), 대구 성서(메카트로닉스), 부산 녹산(조선기자재), 전남 대불(중형 조선), 충북 오창과학(전자정보) 등 5개 단지를 추가 지정하였다. 2010년에는 전국 193개 산업단지를 대상으로 광역 클러스터 구축사업을 개시하였다.[101]

그밖에 민간 주도 혁신 클러스터들이 있는데, 대표적으로 삼성반도체 디지털밸리(수원, 기흥), LG 필립스 LCD 클러스터(파주), 포항공대 첨단소재 클러스터(포항), 인제대 지능형 실버 클러스터(김해) 등이 있다.

100 한국은 개발 초기에 산업단지를 조성하여 수출기업을 위한 인프라를 구축하였는데 이런 형태는 산업집적(industrial agglomeration)이라 할 수 있다. 산업집적은 "특정 산업 내의 가치사슬이나 산업 간의 유기적 연관성과 무관하게 다수의 기업이 일정 지역에 단순 입지하고 있는 상태"를 의미한다. 산업화 과정에서 산업이 성장하고 글로벌 기업이 등장하면서 산업집적은 산업 클러스터로 발전하는데, 산업 클러스터(industrial cluster)란 "특정 산업 내의 가치사슬과 관련하여 상호 유기적인 분업 및 협력관계를 맺고 있는 다수의 기업이 일정 지역에 입지하고 있는 것"이다.

101 임종빈 외(2022).

4) 혁신시스템의 동태성 제고

혁신생태계(innovation ecosystem)는 다양한 주체들이 상호 작용하며 혁신을 촉진하는 환경을 의미한다. 이 개념은 기술, 기업, 정부, 학계, 투자자, 스타트업 등 여러 요소들이 유기적으로 결합하여 혁신적인 아이디어와 제품, 서비스를 창출하는 것을 목표로 한다. '생태계'라 함은 유기적으로 연결된 요소들이 각자의 역할을 제대로 수행할 때 전체 생태계가 유지될 수 있고, 하나의 요소라도 잘못되면 전체 생태계에 큰 영향을 미치기 때문이다. 혁신생태계가 중요한 이유는 각 주체들이 자신의 역량을 바탕으로 협력을 통해 시너지를 창출하여, 새로운 시장과 기회를 창출하기 때문이다. 따라서 혁신생태계의 핵심은 산·학·연 혁신 주체의 상호 작용을 활성화하여 기술혁신을 일으키는 것이라 할 수 있다.

산·학·연 협력은 연구, 기술개발, 인력양성, 기술이전 등 다양한 목적에 따라 산업체·대학·연구소 간의 상호 작용 현상을 의미한다. 특히 과학기술기반 혁신을 추구하는 경우 기업은 이에 필요한 자원을 모두 보유하기가 어려운 실정이므로 다른 혁신 주체와 협력하는 것이 필수적이다.

(1) 동태성 관련 정책

정부는 새로운 성장동력 창출의 필요성, 지식기반 사회의 산업구조 변화로 지식·기술 혁신의 요구 증대, 과학기술의 급속한 발전추세에 따른 대응, 기업 및 대학의 문화와 체질 개선, 혁신 촉매제 개발 등의 필요성에 의해 산·학·연 협력 활성화의 필요성을 느끼게 되었다. 이에 따라 2000년 이후 대학의 산·학 협력 활성화를 위해 인프라 구축 등 범부처 차원의 다양한 정책들을 추진하는 등 제도화 기반이 마련되었다. 이를 위해 범부처 합동으로 국가혁신 체제 구축을 위해 2002년 산·학·연 협력 활성화 종합대책이 마련되고, 2003년 참여정부의 신산·학 협력 비전 및 추진전략, 2005년 창조적 인재강국 실현 방안, 2005년 Connect Korea사업, 2005년 산학협력단 혁신 방안 등의 정책이 추진되었다.[102]

추진된 주요 정책을 살펴보면, 먼저 2002년 산·학·연 협력 활성화 종합대책은 참여자별 실질적 인센티브 부족과 산·학 협력 추진체계의 미흡한 점을 개선하고자 하였다. 이를 위해 간접연구비제도 현실화, 산학협력사업 참여 성과의 평가범위 확대, 산·학 협력 전담교수제도 도입, 산학협력협의체 구성 운영을 추진하였다.

2003년 참여정부의 신산·학 협력 추진전략을 수립한 원인은 대학과 기업 간 괴리 심화, 산업계 수요 반영 미흡, 산·학 협력 전담조직 미흡, 산·학 협력 네트워크가 미흡한 점 등이었다. 이에 대한 대책으로써 기업 수요를 반영한 맞춤교육 확대, 산업계의 수요를 반영한 대학커

102 송완흡(2007).

|표 4-12| 정부의 산학협력 활성화 주요 정책 추진현황

구분	원인		대책	
산학연 협력 활성화 종합대책 (2002. 2 교육인적자원부)	•참여자별 실질적 인센티브 부족	- 대학의 산학협력사업 추진 시 간접비용 보전 미비 - 교수에 대한 산학 협력 활동에 상응하는 보상 미흡, 산학 협력 활동에 대한 업적평가 반영 저조	•간접연구비제도 현실화	- 산학연 협력사업에 대학이 참여하는 경우 간접경비 보전을 위해 적정한 간접연구비 계상(연구비의 15%로 하되 장기적으로는 학교별로 세분화)
			•산학협력사업 참여성과의 평가인정 범위 확대	- 특허 등 교수의 산학 협력 성과에 대해 근평 시 학술논문에 준하는 실적으로 인정하고 대학평가에도 평가항목으로 반영
			•산학협력 전담교수제도 도입	- 산학협력 추진 시 일정액 이상의 간접연구비를 대학에 납부하는 교수에게는 책임강의 시수를 감면하고 산학연 협력 전담교수제 도입
	•산학협력추진체계 미흡	- 범정부 차원의 산학 협력 추진체계 미흡	•산학협력 협의체 구성 운영	- 인적자원개발회의에 '(가칭)산학연 협력사업 추진위원회'를 설치하여 국가 차원에서 산학협력사업을 총괄 및 연계
참여정부의 신산학 협력 비전 및 추진 전략 (2003. 9 균형발전위원회)	•대학과 기업 간 괴리 심화	- 대학은 이론교육 치중, 기업은 대학 역량 불신	•기업수요를 반영한 맞춤교육 확대	- 산학협력 중심대학 선정 시, 중심대학의 교수 및 학생평가, 교과목 개편, 교수 임용 등을 산학협력 중심으로 개편 유도 - 산학협력 중심대학에 장비 지원 시 기업의 수요조사 및 장비 공동활용 유도
	•산업계 수요 반영 미흡	- 산업계의 수요를 반영한 대학 교과 과정 개발 미흡	•산업계의 수요를 반영한 대학커리큘럼 개발	- 산업계의 수요를 반영한 대학 커리큘럼의 현장 적합성 제고 - 대학의 산업체 임직원 재교육을 강화하고 이를 대학평가에 반영 - 대학 내 산학협력기관에 근무하는 교수에 대해서도 「협동연구개발촉진법」 규정과 동일한 파견, 겸직허용
	•산학 협력 전담조직 미흡	- 산학 협력을 체계적으로 추진할 조직체계 미흡	•산학협력단 등 법적 근거 마련	- 「산업교육진흥및산학협력촉진에관한법률」 및 동법시행령 개정(계약학과, 산학협력단, 학교기업 등 제도 마련)
	•산학 협력 네트워크 미흡	- 전국 또는 지방 단위의 산학 협력 추진체계 미흡	•민관협력 상설기구 설치	- 균형발전위원회를 중심으로 대학, 연구소, 산업계, 관계부처가 참여하는 민관협력 상설협의기구 설치 - 광역지자체·지방중기·TP·대한상의·대학 간 네트워크 구축
창조적 인재 강국 실현(2005. 7 과학기술부 등 8개 부처)	•산업계의 산학 협력 유인 부족	- 산업계의 산학 협력 활동을 촉진시킬 수 있는 제도적 기반 미흡	•산학 연계 촉진을 위한 기반 조성	- 기업의 대학 투자확대를 위해 기업의 대학위탁연구 인력개발비를 별도 분리·세액공제 - 대학 연구개발 활동의 상업화를 촉진하기 위해 산학협력단이 지분 투자하는 '산학협력기술지주회사' 제도를 도입
Connect Korea (2005. 6 균형발전위원회)	•산학 협력 관련 정보 체계적 관리 미흡	- 산학협력사업 관련 정보가 체계적으로 제공되지 않고, 기구축된 기술정보 D/B 활용도 미흡	•연구성과 사업화 지원 체계 구축	- 대학 보유 지적재산권 실태조사 등을 통한 D/B 구축 및 연구성과 사업화를 위해 기업과 투자자를 연계하는 '기술금융포럼' 등 사업 지원 - 권역별 15개 내외의 거점대학 중심으로 산업체, 지자체 등의 '사람–기술–자금'을 연결할 수 있는 협의체 구성
산학협력단 혁신방안 (2005. 7 교육인적자원부)	•조세부담	- 별도법인 설립으로 인한 부가세 등 각종 조세부담 가중	•세법 개정 추진	- 산학협력단이 법인으로 되어 있어 기존 대학에 비해 조세부담이 크므로 기존 대학과 동등한 수준으로 조세부담 경감 추진
	•연구성과 사업화를 위한 제도 미흡	- 산학협력단 전담직원 부족 - 교직원을 산학협력단 소속으로 발령 시, 인건비, 교직원 신분 상실 등 쟁점 사항 발생	•국립대학 산학협력단 소요정원 확보	- 산학협력단 전담 인력을 확충하여 기술평가·마케팅 등 기술이전 기능수행 기반 마련 - 산학협력단과 기존 연구처 조직을 통합하거나 기존 대학 행정지원 조직과 연계 유도

자료: 송완흡(2007).

리큘럼 개발, 산학협력단 등 법적 근거 마련, 민관협력상설기구 설치를 추진하였다.

이후 2005년 창조적 인재강국 실현 방안은 산업계의 산·학 협력 유인 부족을 해결하고자 산·학 연계 촉진을 위한 기반을 조성하려 하였다. 2005년 Connect Korea는 산·학 협력 관련 정보의 체계적 관리 미흡을 개선하고자 연구성과 사업화 지원체계를 구축하려 하였다. 2005년 산학협력단 혁신 방안은 조세부담과 연구 성과 사업화를 위한 제도 미흡을 개선하고자 세법 개정 추진, 국립대학 산학협력단 소요정원 확보를 추진하였다.

이 같은 지원 정책들은 산·학 협력 전담기구로서 산학협력단 설립화 기반 마련과, 산·학 협력 활성화를 위한 제도정비로써 간접경비제도 현실화 등 지원제도를 마련하고자 하였다. 또한 대학의 교육체계 개편지원 및 거점대학육성사업을 추진하고 대학의 교육체계를 산·학 협력 중심으로 재편하고자 하였다.[103] 이러한 정책적 지원과 함께 산·학·연 협력연구비 또한 꾸준히 증가하였으며 산학협력사업의 성과로써 산·학 협력을 통한 기술이전 건수, 기술료 수입 등도 지속적으로 증가하고 있는 추세이다.

이처럼 산·학·연 협력에 관한 정부의 지원이 강화되었지만, 2000년 전반기까지 협력·공동연구가 활발히 전개되었다고 보기 어렵다.[104] 산·

103 송완흡(2007).
104 국가과학기술위원회·한국과학기술기획평가원(2005).

학·연 협력을 더욱 활성화하기 위해 정부는 2005년 이후 정부지원과 협력연구비를 크게 늘렸다.

(2) 산·학·연 협력

국가연구개발사업에서 산·학·연 협력연구비는 꾸준히 증가하는 추세를 보이고 있다. 국가연구개발사업의 총사업비에서 보면, 산·학·연 협력연구비는 2005년 3조 7,369억 원에서 2009년 7조 7,919억 원으로 5년간 2배 이상 증가하였고, 총사업비 대비 협력연구비 비중도 58.9%(2005)에서 74.6%(2009)로 늘어났다. 그리고 연구수행 주체별로는 2009년도 협력연구비 비중이 출연연구소 37.9%로 가장 컸으며, 대학

|표 4-13| 연구수행 주체별 공동연구비 추이(2005~2009) (단위: 억 원, %)

	2005	2006	2007	2008	2009
국공립연구소	1,645 (4.4)	1,346 (3.2)	1,572 (3.6)	2,000 (3.5)	3,389 (4.3)
출연연구소	17,336 (46.4)	19,016 (45.2)	19,016 (43.9)	25,184 (43.9)	29,531 (37.9)
대학	8,858 (23.7)	10,225 (24.3)	10,759 (24.8)	13,003 (22.6)	18,463 (23.7)
대기업	3,576 (9.6)	4,719 (11.2)	4,788 (11.1)	8,587 (15.0)	12,399 (15.9)
중소기업	5,954 (15.9)	6,763 (16.1)	7,189 (16.6)	8,644 (15.1)	14,137 (18.1)
합계	37,369 (100.0)	42,069 (100.0)	43,324 (100.0)	57,418 (100.0)	77,919 (100.0)

주: ( ) 안은 비중(%).
자료: 국가과학기술위원회(2010), 한국산업기술진흥원(2012), 국가과학기술위원회·교육과학기술부(2008).

(23.7%), 중소기업(18.1%), 대기업(15.9%), 국공립연구소(4.3%) 순으로 나타났다. 2009년도 기준 협력유형별로 살펴보면 산·학·연이 15.1%, 산·연이 15.0%, 산·학이 14.6%, 산·산이 12.1% 순이었다.

|표 4-14| 협력유형별 공동연구비 규모(2005~2009) (단위: 억 원, %)

협력유형	2005	2006	2007	2008	2009
산·산	2,051 (3.2)	2,620 (3.6)	2,137 (2.8)	4,811 (5.4)	12,615 (12.1)
산·학	7,482 (11.8)	7,967 (11.1)	9,671 (12.7)	9,356 (10.6)	15,230 (14.6)
산·연	4,523 (7.1)	7,396 (10.3)	7,169 (9.4)	9,185 (10.4)	15,636 (15.0)
산·기타	1,346 (2.1)	262 (0.4)	440 (0.6)	347 (0.4)	643 (0.6)
학·학	4,420 (7.0)	3,212 (4.5)	2,589 (3.4)	4,949 (5.6)	3,133 (3.0)
학·연	3,347 (5.3)	4,481 (6.2)	4,722 (6.2)	5,859 (6.6)	6,664 (6.4)
학·기타	294 (0.5)	887 (1.2)	902 (1.2)	1,159 (1.3)	529 (0.5)
연·연	1,945 (3.1)	1,717 (2.4)	1,377 (1.8)	4,555 (5.1)	4,194 (4.0)
연·기타	1,264 (2.0)	2,862 (4.0)	2,803 (3.7)	3,394 (3.8)	3,471 (3.3)
산·학·연	10,697 (16.9)	10,665 (14.8)	11,514 (15.1)	13,803 (15.6)	15,804 (15.1)
협력 계	37,369 (58.9)	42,069 (58.6)	43,324 (56.7)	57,418 (64.8)	77,919 (74.6)
비협력 계	26,030 (41.1)	29,766 (41.4)	33,061 (43.3)	31,245 (35.2)	26,539 (25.4)
국가연구개발 총사업비	63,399 (100.0)	71,835 (100.0)	76,385 (100.0)	88,663 (100.0)	104,458 (100.0)

주: ( ) 안은 비중(%).
자료: 교육과학기술부(2010b), 한국산업기술진흥원(2012).

내용 면에서 살펴보면, 연구개발 단계에서 개발연구의 단계의 협력연구가 가장 활발하며, 모든 연구개발 단계에서 기업과 관련된 협력유형이 높은 비중으로 나타났다. 기술의 수명주기별로는 성숙기의 협력연구가 가장 활발하였고, 다음으로는 도입기, 성장기 순이다. 과학기술표준분류별로는 전기·전자, 화공, 건설·교통, 재료 등에서 협력연구가 활발하게 진행되고 있었다. 한편 6T[105] 분야의 협력연구비 비중은 80% 이상으로 나타나, 미래 유망기술 분야에서 상대적으로 많은 협동연구가 이루어지고 있음을 알 수 있었다.[106]

(3) 기술이전

2000년 이후 국가 R&D에 대한 투자가 증가하면서 기술이전율 및 기술료 수입이 지속적으로 상승해 왔다. 공공연구기관의 기술이전율은 2004년의 20.8%에서 2009년 22.7%로 증가하였다. 이에 따른 기술료 수입도 2007년 기준으로 1,000억 원을 넘어섰다.[107]

2003년부터 2009년 기간 동안 대학의 기술이전 현황은 2006년에 4.1% 감소한 것을 제외하고, 대체적으로 증가하는 양상을 보이고 있다. 2003년 기술이전 건수는 210건에서 2009년 1,291건으로 6배 이상 늘어났다. 이에 따라 기술이전 수입도 2003년 약 1,973백만 원에서

105 6T는 IT(정보통신), BT(생명공학), NT(나노정밀), ET(환경공학), CT(문화콘텐츠), ST(항공우주)를 말한다.

106 신태영 외(2012).

107 지식경제부·기술거래소(2008).

| 표 4-15 | 대학의 기술이전 현황(2003~2009) (단위: 백만 원, %)

구분		2003	2004	2005	2006	2007	2008	2009	합계
기술이전 계약 체결	건수	210	243	587	563	951	1,221	1,291	5,066
	증감률	-	15.7	141.6	△4.1	68.9	28.4	5.7	-
기술이전 수입	수입료	1,973	3,184	6,323	9,033	16,415	27,752	29,981	94,661
	증감률	-	61.4	98.6	42.9	81.7	69.1	8.0	-

주: 대학법인 또는 산학협력단 명의의 기술이 이전된 경우만 해당하며, 기술지도, 기술자문, 산학협력 연구개발 등과 같이 완료되지 않은 기술에 대한 계약은 제외.
자료: 교육과학기술부(2010a), 한국산업기술진흥원(2012).

2009년 29,981백만 원으로 증가하였다(〈표 4-15〉 참조).

위와 같은 결과는 2000년 이후 혁신시스템의 동태성이 증가하고 있는 점을 반영하고 있다. 시스템의 동태성은 기업과 대학, 기업과 출연(연), 기업과 기업, 기업·대학·출연(연) 등의 형태로 이루어지고 있으며, 동태성 관련 정책의 가장 중요한 것은 기업과 지식시스템의 주체 간의 상호 작용을 끌어올려 기업의 혁신을 불러일으키는 것이다. 이러한 노력은 2000년 이후 계속되고 있고 그 결과 많은 과학기술기반 스타트업이 출현하여 시장에 진입하고 있다.

4. 소결

지금까지 살펴본 바를 요약하면, 지식시스템과 산업생태계를 구성하는 혁신 주체는 출발선에서 각자의 발전경로를 밟게 되는데 서로 다른 속도로 성장한다. 외국으로부터 도입된 자본설비에 국내 유휴자원이 결합하면서 기업이 가장 빠르게 성장하는 반면, 지식시스템의 핵심을 이루는 대학은 가장 느리게 혁신 능력을 구축하게 된다. 산업생태계와 지식시스템의 간격을 메우기 위해 정부는 정부출연(연) 시스템을 구축하고 연구개발 기반을 닦는다. 시간이 지나면서 이들은 상호 간에 밀접한 관계를 형성하면서 시스템을 구축하기 시작한다. 이 과정에서 정부의 역할이 중요하였다.

산업화 초기에 정부가 수출 드라이브 정책을 추구하면서 기업들은 성장기반을 쌓아 나갈 수 있었다. 중화학공업이 발전하면서 산업구조가 고도화되고 글로벌 기업이 등장한다. 이 과정에서 교육시스템이 빠르게 확립되어 산업 부문의 필요한 인력을 공급할 수 있게 되었다. 초기의 혁신시스템은 산업화에 필요한 인력 수급의 관계에서 시작하며, 기술 획득 및 학습은 외국 자본 도입 과정에서 거의 기업이 스스로 해결하였다. 그러는 한편 정부출연(연) 시스템이 갖추어지면서 국내 연구기반이 구축되었고, 1990년대에는 기업들과 협력하여 중요한 혁신을 일으키게 된다. 또한 정부의 꾸준한 투자로 대학의 연구 능력은 1990년대 말부터 괄목하게 향상된다. 이처럼 40여 년 동안 혁신 주체의 역량이 구축되고 나서 비로소 혁신시스템이 선진화된다. 그리고 지역적으로 볼 때, 혁신 주체의 분포가 수도권에 집중되어 있으나, 전국 각지에 조성하고 있는 테크노파크·혁신 클러스터와 지역 특화산업 육성 및 지역 대학의 연구 능력 함양으로 지역의 혁신시스템도 빠르게 발전하고 있다. 이 과정에서 주목할 만한 정책 변화와 성과들이 있었는데 〈그림 4-10〉에서 볼 수 있다.

다른 한편, 혁신시스템의 구조에서 혁신시스템의 동태성이 상당 수준으로 높아졌다. 경제구조가 디지털 경제로 전환하였으며, 혁신시스템 내에서 혁신 주체 간의 상호 작용이 활발히 일어나고 있다. 정부의 정책적인 뒷받침과 함께 대학, 연구기관 및 대기업에서 파생되어 나온 자원들로 과학기술기반 벤처기업을 창업하고 시장에 진입하는 것이 활발해지고 있다. 벤처기업은 지식기반 경제에서 성장의 한 축을 담당하고 있다. 그리고 국내 글로벌 기업도 과학기술기반 혁신을 바탕으로 세계 시장에서 경쟁력을 유지·강화하고 있다.

| 그림 4-10 | 혁신시스템 발전 과정의 마일스톤

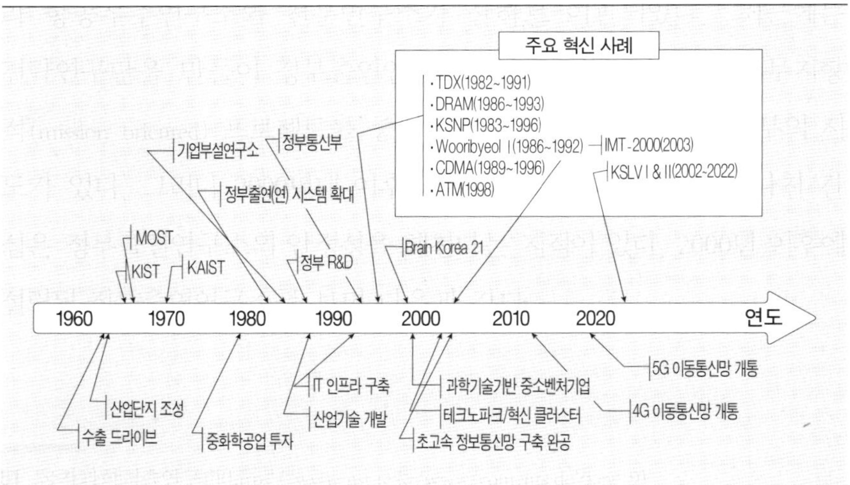

한편으로 지식시스템이 발전해 나가고, 다른 한편으로 산업생태계도 계속하여 변화하는데, 처음에는 산업기반 혁신을 통해 기업이 성장하였으나 산업구조가 고도화하면서 과학기술기반 혁신을 바탕으로 한 성장을 추구하게 된다. 이에 발맞추어 정부의 정책도 단순한 수출드라이브, 산업(단지)개발 정책에서 벗어나 과학기술 연구개발정책을 추구한다. 이러한 정책기조는 정부 내 여러 경제부처로 확산하였다.

한국은 혁신시스템이 고도화 단계에 들어서면서 과거 자원기반 성장전략에서 벗어나 혁신주도형 성장전략을 추구하게 되었다. 달리 말하면, 한국은 1960년대 이후 두 번의 산업혁명을 이루어 냈는데, 1980~1990년대에 있었던 2차 산업혁명은 선진국을 모방하고 추격하는 전략으로 가능하였다. 그러나 1990년대 말 이후 전개된 3차 산업혁명은 디지털 경제로 전환한 것이며, 이는 2차 산업혁명 과정에서 축적된 과학기술 혁신 능력을 바탕으로 가능하였다. 과학기술 발전 또는 과학기술 혁신 능력의 축적 없이 3차 산업혁명은 불가능하였을 것이다. 초고속 인터넷, 정보통신기술이 더욱 발달하면서 이제 한국은 초연결사회(4차 산업혁명)로 진입하고 있다.

종합하면, 제2장에서 제시된 혁신시스템 구성요소와 시스템의 효율성·잠재력과 혁신 주체의 역량에 영향을 주는 변수로서 여러 가지를 지적하였다. 한국의 경우 발전 과정에서 정부의 전략과 정책의 직접적인 영향이 가장 컸다고 말할 수 있다. 기업을 포함하여 대학, 연구소 모두 정부의 계획에 따라 육성 발전하게 된 것이다. 정부의 손길에 따라 성장하였으며, 성장 과정에서 혁신 능력을 축적하고 상호 간에 영향을 주고받으며 혁신을 일으키고 있다. 혁신 역량이 구축되고 시스템이 선진화하면서 시스템의 동태성을 높이기 위한 노력이 계속되고 있다. 그 밖에 기업가 정신, 학습 능력, 더 나은 삶에 대한 열망, 고유 문화적 요인 등의 영향도 중요하였다. 실제로 혁신의 원천은 지식시스템에서 오기 때문에 과학기술 발전 없이 선진 시스템 수준에 올라설 수 없다. 지식시스템은 시장에 의해 성장을 추구할 때 시간이 너무 걸리기 때문에 정부의 전략과 정책적 대응이 필요한 부분이다. 지식시스템이 발전하지 못하면 한 국가의 경제는 영원히 '캐치업'(catch-up) 과정에 머물게 된다.

그러나 한국의 발전 과정에서 정부의 영향력이 오랫동안 지속되면서 광범위하게 경로 의존성이 공고해졌고, 시스템이 선진화된 이후에도 정부 주도에서 시장 주도로 이행하는 데 여전히 어려운 부분이 있다. 민간부문에서도 경로 의존성은 문화처럼 정착하여 창의적 활동을 제한하는 측면이 있다. 그리고 개발 초기부터 대기업 위주의 산업발전을 추구한 결과로 국내 시장의 독과점 구조가 심화하였으며, 특히 국내 기반 글로벌 기업은 창업주의 후손들로 이어져 가족경영이 계속되면서 기업지배구조의 문제가 드러나고 있다. 이러한 점들은 국내 시장의 자원 배분의 비효율성을 초래하고, 자원의 자유로운 이동을 어렵게 한다. 결과적으로 새로운 혁신을 바탕으로 한 중소기업의 출현을 저해하기도 한다.

chapter 05

혁신시스템의 발전 방향

1. 도전과제와 과학기술

오늘날 한국은 지구적 차원에서 기후 변화, 팬데믹, 국내적으로 양극화, 인구절벽 등의 구조적 문제에 당면하고 있다. 이러한 당면 과제는 한국 경제의 전망을 어둡게 하고 있다.

먼저 지구적 당면 과제에서, 기후 변화란 지구 대기 중 온실가스, 이산화탄소(CO_2), 메탄(CH_4), 이산화질소(N_2O)의 농도가 증가하면서 지구의 평균 기온이 상승하고, 기후 패턴이 변화하는 것을 말한다. 이러한 기후 변화로 인해 폭염, 가뭄, 폭우 등 기상 이상 현상의 발생 빈도와 강도가 증가하고, 해수면 상승으로 인한 해안 침식과 도시 침수, 빙하 소멸 등의 현상이 관측되고 있다. 나아가 생태계의 변화로 인해 생물 다양성이 위협받고, 식량 생산에도 부정적인 영향을 미치고 있다.[1] 기후 변화는 에너지 생산·사용, 생산공정, 운송 등 산업 활동과 밀접한 관계에 있다. 전통적인 산업 활동은 화석연료를 사용하고 온실가스를 배출함으로써 지구 온난화를 초래하고 있다. 이러한 것에 대응하여 녹색에너지로의 전환, 에너지 효율성 증대, 친환경 기술개발, 기후예측 모델링 등 과학기술 혁신을 바탕으로 한 해결책을 제시하고 있다.

다른 한편, 해결책의 하나로서 국제규범이 만들어져 산업 활동에 대한 규제도 생겨나고 있다. 예로서 'RE100'(Renewable Energy 100)은 '글

1 Burke *et al.*(2015)에서는 기후 온난화가 이대로 지속되면 2100년까지 소득이 23% 감소할 것으로 예측하고 있다.

로벌 이니셔티브'(global initiative)로서 참여 기업들은 100% 재생 에너지를 (구매하거나 직접 생산하여) 사용함으로써 에너지 사용의 탄소 발자국을 줄이는 노력을 하고 있다. RE100에 참여하는 기업은 대부분 글로벌 기업이며, 이들의 노력은 다른 기업에도 영향을 주는데, RE100 목표를 달성하지 못한 기업은 공급사슬(supply chain)에서 퇴출당할 위험을 안고 있다.

최근 코로나바이러스 감염과 같이 인수공통전염병(zoonosis)의 창궐은 인류의 모든 경제·사회 활동에 지대한 영향을 미친다. 이 같은 팬데믹과 관련하여 과학기술은 바이러스의 전파를 이해하고, 예방하기 위한 백신 개발, 진단키트 개발, 원격의료 서비스 구축 등 여러 가지 역할을 함으로써 팬데믹의 사회적, 경제적 영향을 완화하고 대처하는 데 필수적인 도구로 작용한다.

기후 변화나 질병 등과 같은 지구적 현안 과제에 대응할 때 한국은 다른 선진국과 함께 새로운 기술개발과 개발된 기술을 바탕으로 개발도상국과 협력을 확대하는 것이 필요하다. 지속 가능한 발전을 위해 국가 차원뿐만 아니라 지구적 차원에서 대응하는 것이 중요하다.

국내에서 당면하고 있는 과제로는 양극화, 인구절벽 등 구조적인 이슈가 있다. 양극화는 개인 차원에서부터 조직, 부문 간에까지 광범위하게 관찰되는 현상이며, 인구절벽은 고령화 사회, 노동력 부족으로 이어지고 지속적 성장의 제약 요인으로 작용하고 있다. 이러한 당면 과제에 대응하기 위해 새로운 성장동력을 찾아내고 과학기술 혁신을 통해 문제가 악화하는 것을 막을 수 있다. 예로서 생명과학과 의료기술, 스마트 기술, 로봇, 자율주행차 등은 고령화 사회에 닥칠 문제를 완화해 줄 것이다. 양극화 해소를 위해서는 포용적 성장을 추진하여 모든 사람에게 기회와 자원이 공평하게 접근할 수 있도록 하는 사회적, 경제적 여건을 만드는 것이 중요하다. 기술혁신을 바탕으로 한 벤처 창업은 지역의 경제발전에 이바지할 수 있고 소수자 그룹에 기회를 제공하여 사회적 불평등을 완화하고 지속 가능한 성장과 사회적 안정으로 포용적 성장을 실현해 나갈 방안이 될 수 있다.

2. 정부의 역할

정부는 사회적 도전에 대한 대응 전략과 정책을 마련해야 한다. 그리고 미래에 다가오는 문제를 식별하고 이에 적절한 대응책으로 혁신시스템에 자극을 줄 필요가 있다. 정부는 정책변수를 조작함으로써 혁신 주체의 혁신 활동과 기대 형성(expectation formulation)에 영향을 끼칠 수 있다. 특히, 혁신시스템을 구성하는 주체들은 정부의 정책 변화와 사회적 요구에 따라 역량을 강화하고 방향성을 재설정할 필요가 있다. 이는 지속적인 학습과 개선을 통해 유지되고 강화될 수 있다.

혁신생태계는 혁신 주체를 중심으로 여러 구성요소가 복잡하게 얽혀 있는 유기적인 네트워크를 말한다. 혁신시스템이 발달할수록 생태계 구성요소가 많아지고 생태계의 복잡성이 높아진다. 구성요소 하나만 문제가 발생해도 전체 생태계에 커다란 영향을 미칠 수 있다. 혁신생태계를 구성하는 주체는 끊임없이 혁신 역량 강화를 위해 노력해야 하는데, 이는 기존의 지식이 시간이 지나면서 진부해지기 때문이다. 특히, 정보기술 시대에서는 지식의 진부화율이 높게 나타난다. 혁신 주체 간에 혁신 능력의 균형이 무너지면 혁신시스템의 동태성이 약화되고 혁신 활동이 부진해진다. 또한 혁신 주체의 역량을 유지·강화할 때, '방향성'도 필요하다. 이것은 끊임없이 새로운 사회적 도전이 등장하기 때문이다. 기업은 시장의 시그널에 따라 움직이나 지식시스템의 주체들은 시장 시그널에 민감하게 반응하지 않는다.

무엇보다도 혁신생태계의 균형이 무너지고 활력이 떨어지면, 혁신시스템을 받치는 두 기둥, 지식시스템과 산업생태계 간의 괴리가 발생하고 상호 작용이 줄어들면서 경제 전체가 활력을 잃게 된다. 두 시스템의 목적함수가 근본적으로 다르기 때문에, 혁신 환경이 악화할수록 양자 간에 틈새가 점점 더 벌어지는 경향이 있다.

정부는 개발시대에 혁신 주체를 육성하면서 직접적인 개입을 할 수 있었으나 혁신시스템이 발전하고 생태계가 복잡해짐에 따라 직접 개입은 이제 불가능하게 되었다. 더욱이 과학기술의 발전과 함께 혁신의 모드(mode)도 시간이 지나면서 바뀐다. 이러한 복잡성 때문에 정부가 혁신생태계에 대한 충분한 지식을 갖추는 것은 불가능하다. 따라서 과거와 같은 방식으로 정부가 혁신생태계에 직접적으로 개입하는 것은 오히려 혁신생태계를 교란할 뿐이다. 즉, 혁신시스템의 진화에 맞추어 정부의 개입도 새로운 접근이 필요하다.

정부는 사회적 기업, 스타트업, 벤처창업을 지원함으로써 혁신생태계를 다양화하고, 이로써 양극화 문제, 균형발전, 포용성장, 신성장 동력 발굴 등에 대응할 수 있을 것이다. 또한, 정부는 국제협력을 통해 글로벌 혁신 네트워크를 구축하고, 국가 간의 협력을 강화해야 한다. 선진국과의 협력으로 프론티어 기술(frontier technology)에 대해 공동연구개발체제를 구축하고, 개발도상국과의 협력을 통해 지구적 문제 해결에 동참해야 할 것이다.

다른 한편, 정부는 혁신 정책의 효과를 지속적으로 모니터링하고, 피드백을 반영하여 정책을 개선해야 한다. 이를 위해 데이터 기반의 정책 평가시스템을 도입하고, 혁신 활동의 성과를 정량적으로 분석할 필요가 있다. 이를 통해 정책의 효율성을 높이고, 혁신 주체들이 직면한 문제를 해결해 나갈 수 있을 것이다.

다가오는 미래에 가장 중요한 '필요 자원'(necessary resources)은 '지식'(knowledge)이다 그러므로 과학기술에 지속해서 투자하고 지식시스템을 계속 발전시켜 나가는 것이 우선이고, 산업생태계와 밀접한 상호관계를 유지해 나가는 것이 필요하다. 그렇게 함으로써 한국이 직면하고 있는 사회적 도전에 대응하면서, 4차 산업혁명 과정에서 경쟁력을 확보할 수 있을 것이다.

참고문헌

경제기획원, 『제1차 경제개발5개년계획(1962~1966)』, 1962a.

_______, 『제1차 기술진흥 5개년계획(1962~1966)』, 1962b.

_______, 『제2차 과학기술진흥 5개년계획(1967~1971)』, 1966.

_______, 『제4차 경제개발5개년계획(1977~1981)』, 1977.

_______, 『개발연대의 경제정책: 경제기획원 30년사(1961~1980)』, 1982.

과학기술부, 『과학기술40년사』, 2008.

과학기술정보통신부, 「대한민국 위성개발 30주년」, 보도자료, 2022. 8. 10.

과학기술정책연구원, 『정부출연연구소 운영제도 개선에 관한 연구』, 2002.

교육과학기술부, 『2009 대학산학협력 백서』, 2010a.

_______, 『2010년도 국가연구개발사업 조사·분석 보고서』, 2010b.

교육부, 『3단계 산학연협력 선도대학 육성사업 기본계획』, 2012.

교육부·한국교육개발원, 『교육통계연보』, 각년호.

국가과학기술위원회, 『2010년도 국가연구개발사업 조사·분석 보고서』, 2010.

국가과학기술위원회·교육과학기술부, 『2008년도 국가연구개발사업 조사·분석 보고서』, 2008.

국가과학기술위원회·한국과학기술기획평가원, 『2005년도 국가연구개발사업 조사·분석·평가결과 – 조사·분석』, 2005.

김경미, 「육상건조공법 등 다양한 새기술 성공」, 『해양한국』, 2월호, 2005, pp. 36~40.

김동규, 「종합무역상사, 돌파구를 찾아서」, 『Korea Investors Service』, 한국신용평가주식 회사, 2004. 6. 7.

김정렴, 『한국경제정책30년사: 김정렴 회고록』, 중앙일보사, 1995.

김주환, 「개발국가에서의 국가 – 기업 관계에 관한 연구: 한국의 조선 산업발전과 '지원 – 규율' 체제에 대한 비판적 검토」, 서울대학교 박사학위논문, 1999.

디지털타임스, 「TDX 국산화 '세계속 통신한국' 디딤돌」, 2010. 8. 17.

문교부, 『문교통계연보』, 각년호.

박영식, 「변화하는 대학의 위상」, 『대학교육』, 제116호, 2002, pp. 32~38.

삼성반도체통신, 『삼성반도체통신 10년사』, 1987.

삼성전자, 『삼성전자 30년사』, 1999.

_______, 『삼성전자 40년: 도전과 창조의 유산』, 2010.

서울대학교20년사편찬위원회 편, 『서울대학교 20년사』, 서울대학교, 1966.

송성수, 「기술 능력 발전의 시기별 특성: 포항제철 사례연구」, 『기술혁신연구』, 제10권 제1호, 2002, pp. 174~200.

_______, 「추격에서 선도로: 삼성 반도체의 기술발전 과정」, 『한국과학사학회지』, 제30권 제2호, 2008, pp. 517~544.

_______, 「한국의 기술발전 과정에 나타난 특징 분석: 포스코와 삼성 반도체를 중심으로」, 『한국과학사학회지』, 제34권 제1호, 2012, pp. 109~138.

송성수·송위진, 「코렉스에서 파이넥스로: 포스코의 경로실현형 기술혁신」, 『기술혁신학회지』, 제13권 제4호, 2010, pp. 700~716.

송완흡, 『산학협력 활성화를 위한 정책방향과 과제: 산학이 함께하는 학습사회 2030』, POSTECH, 2007.

신장섭·장성원, 『삼성 반도체 세계 일등 비결의 해부』, 삼성경제연구소, 2006.

신태영, 「연구개발투자와 지식축적량의 국제비교」, 「정책자료 2002-10」, STEPI, 2002.

_______, 「생산구조와 연구개발투자 효율성의 동태적 변화」, 「Policy Issues」, No. 56, STEPI, 2012.

신태영·김형수·안두현·박재혁, 『제1회 과학기술예측조사: 한국의 미래기술』, 과학기술정책연구원, 1994.

신태영·박병무, 『거시경제모형을 이용한 연구개발투자의 정책효과 분석』, 과학기술정책연구원, 1999.

신태영 외, 『주요 산업의 기술혁신 전개 추이와 산업구조의 변화 전망』, STEPI, 2000.

신태영·홍성주·강주연·홍훈·박명수·송성수, 『한국 혁신체제의 동태분석과 발전전략』, 과학기술정책연구원, 2012.

오진곤, 「과학기술 교육정책의 발자취와 나아갈 길」, 『대학교육』, 제100호, 1999, pp. 25~30.

이충구, 「한국의 자동차 기술: 첫 걸음에서 비상까지(14)-(17)」, 『오토 저널』, 제33권 제6-12호, 2011, pp. 50~56.

임덕순·황두희·성영조·임종빈·정승용, 「우리나라 혁신클러스터의 주요 특징과 정책과제」, STEPI Insight, Vol. 303, 2022.

임종빈·황두희·정승용·임덕순·성영조, 「한국의 지역 혁신클러스터 진흥 방안에 관한 연구」, 『혁신클러스터연구』, 제13권 제1호 통권 제16호, 2022, pp. 27~53.

정세영, 『미래는 만드는 것이다: 정세영의 자동차 외길 32년』, 행림출판, 2000.

중소벤처기업부·한국테크노파크진흥회, 『한국 테크노파크, 지역과 함께, 세계와 함께(테크노파크 출범 20주년 기념백서)』, 2017.

지식경제부·한국기술거래소, 『기술이전사업화 조사분석 자료집』, 2008.

진대제, 『열정을 경영하라』, 김영사, 2006.

한국과학기술평가원(KISTEP), 『연구개발활동조사보고서』, 각년호.

한국산업기술진흥원, 『2011년도 산업기술혁신지표 핸드북』, 2012.

한국조선공업협회, 「한국의 조선산업: 성장과 과제」, 2005.

현대자동차, 『현대자동차 20년사』, 1987.

________, 『현대자동차사』, 1992.

현대중공업, 『현대중공업사』, 1992.

홍성주, 「한국의 대학 연구: 서울대학교 사례를 중심으로」, 송상용 외, 『한국 현대 과학기술의 사회사연구』, 한국과학기술한림원, 2007, pp. 61~80.

황정태, 「자동차산업의 혁신경로 창출능력」, 이공래 외, 『한국 선도산업의 기술혁신경로 창출능력』, 과학기술정책연구원, 2008, pp. 105~128.

Aulet, W. K., "From Research to Innovation: The Power of an Energy Innovation/Entrepreneurship Ecosystem," (Presentation), MIT Entrepreneurship Center, 2010.

Bell, M., "Fostering Economic and Social Development through Innovation: Overview," Presented in OECD CSTP Workshop on Innovation for Development, 11 October 2011.

Burke, M., S. M. Hsiang, and E. Miguel, "Global non-linear effect of temperature on economic production," *Nature*, 527, 2015, pp. 235~239.

Dahlman, C., "Different innovation strategies, different results: Brazil, Russia, India, China and Korea (the BRICKs)," in V. Chandra, D. Erocal, P. C. Padoan, and C. A. Primo Braga, eds., *Innovation and Growth: Chansing a moving frontier*, OECD, 2009.

Daniel, R., T. P. Womack, and D. T. Jones, *The Machine Taht Changed the Woeld: The*

Story of Lean Production, New York: Harper Perenial, 1990.

Fishlow, A., C. Gwin, S. Haggard, D. Rodrik, and R. Wade, "Miracle or Design?: Lessons from the East Asian Experience," *Policy Essay*, No. 11, Washington DC: Overseas Development Council, 1994, pp. 13~53.

Freeman, C., *Technology Policy and Economic Performance: Lessons from Japan*, London: Pinter, 1987.

Howitt, P., "Competition, innovation and growth: theory, evidence and policy challenges," in V. Chandra, D. Erocal, P. C. Padoan, and C. A. Primo Braga, eds., *Innovation and Growth: Chansing a moving frontier*, OECD, 2009.

Kim, L., *Imitation to Innovation: The Dynamics of Korea's Technological Learning*, Boston, MA: Harvard Business School Press, 1997.

Lundvall, B. A. ed., *National System of Innovation: Toward A Theory of Innovation and Interactive Learning*, London: Pinter, 1992.

Metcalfe, S., "Technology Systems and Technology Policy in an Evolutionary Framework," *Cambridge Journal of Econmics*, Vol. 19, 1995, pp. 25~46.

OECD, *National Innovation Systems*, Paris: OECD, 1997.

______, *Boosting Innovation: The Cluster Approach*, Paris: OECD, 1999.

______, *Dynamism in National Innovation Systems*, Paris: OECD, 2000.

______, *Governance of Innovation Systems*, Vol. 1, Paris: OECD, 2005.

Patel, P. and K. Pavitt, "National Innovation System: Why they are important and how they might be measured and compared," *Ecoinomics of Innovation and New Technology*, Vol. 3, No. 1, 1994, pp. 77~95.

Pavitt, K., "Sectoral Patterns of Technical Change: Towards a Taxonomy and a Theory," *Research Policy*, Vol. 13, No. 4, 1984, pp. 343~373.

Rycroft, R. W. and D. E. Kash, *The Complexity Challenge: Technological Innovation for the 21st Century*, Pinter: New York, 1999.

Shin, T. and A. Vilamovska, "Building a Strategic Model for Sofia Tech Park Development: Strategic Issues and Planning Guidelines" (KSP Bulgaria), KDI, 2016.

Tidd, J., J. Bessant, and K. Pavitt, *Managing Innovation: Integrating Technological*,

Market and Organizational Change, New York: John Wiley & Sons, 1997.

교육부, https://www.moe.go.kr/main.do?s=moe
국가과학기술연구회, https://www.nst.re.kr/www/contents.do?key=9
국가통계포털, https://kosis.kr/index/index.do
(사)벤처기업협회, https://venture.or.kr/#/home/home-main
벤처투자종합포털, https://www.vcs.go.kr
중소벤처기업부, https://www.mss.go.kr
카이스트신문(2011. 2. 13), https://times.kaist.ac.kr/news/articleView.html?idxno=817
한국경제신문(2012. 4. 5), https://plus.hankyung.com/apps/newspaper.view?date=20120405#face.20120405.A002.A.N
한국과학재단, https://bk21four.nrf.re.kr/sub01/sub111/list.do
한국무역협회, https://www.kita.net/
한국산업단지공단, https://www.kicox.or.kr/index.do
한국연구재단, https://www.nrf.re.kr/index
한국은행 경제통계시스템, https://ecos.bok.or.kr/#/
CB Insights, https://www.cbinsights.com/
ETRI, https://www.etri.re.kr/45th/sub05_11.html
Fortune Korea, https://www.fortunekorea.co.kr/news/articleView.html?idxno=29430
QS Top Universities, https://www.topuniversities.com/university-rankings
UN Data, https://data.un.org/
WIPO, https://www.wipo.int

찾아보기

ㄹ

ㅁ

ㅅ

ㅈ

ㅊ